JN072059

台湾有事

米中衝突というリスク

清水克彦
SHIMIZU KATSUHIKO

HEIBONSHA

台湾有事●目次

はじめに

高まる米中衝突のリスク

筆者が三五年ほど前、政治・外信記者として取材生活をスタートさせた頃、職場の上司や他メディアの先輩記者から幾度となく聞かされてきた言葉がある。

「ベルリンの壁は一朝一夕には崩れない」

「ソビエト連邦はおいそれとはなくならない」

「我々の目の黒いうちは、中国と台湾、南北朝鮮の統一もない」

というものだ。

それがどうだろう。

一九八九年一一月九日、筆者も特派員として目の当たりにしたが、ドイツを東西に分断してきたベルリンの壁は崩壊し、翌年にはドイツ統一が実現した。

一九九一年一二月二六日には、アメリカと冷戦を続けてきたソ連が終焉を迎え、一五の共和国が誕生することになった。

韓国と北朝鮮の統一こそ実現していないが、二〇一八年四月以降、三回にわたる南北首脳会談や、アメリカ大統領、ドナルド・トランプ（当時）と北朝鮮の朝鮮労働党委員長、金正恩による歴史的な首脳会談は、こう着状態が続いてきた南北関係や米朝関係に、たとえ一瞬であっても風穴を開ける出来事となった。

その南北関係と同様、今後の成り行きが注目されているのが中台関係である。

中国が「一つの中国」を実現するため、台湾に対し軍事力を行使する可能性はあるのか、そして、その場合、台湾関係法により、台湾と事実上、軍事同盟を結んでいるアメリカが、中国と戦火を交えることになるのか、という点だ。

筆者は、その可能性が多分にあると考えている。

「紛争を防ぐために、インド太平洋で強力な軍事プレゼンスを維持する」

二〇二一年二月一〇日、アメリカ大統領、ジョー・バイデンが、中国国家主席、習近平と電話会談した際に伝えた言葉である。

その前日、アメリカは、西太平洋やインド洋を担当地域とする海軍第七艦隊が、「セオドア・ルーズベルト」と「ニミッツ」の原子力空母二隻を中心に、南シナ海で大規模な軍事演習を実施している。

これは、中国が南シナ海や東シナ海に出てくれば、アメリカは受けて立つという明確な意思表示にほかならない。

同年四月一六日、ワシントンで行われた内閣総理大臣、菅義偉（当時）との日米首脳会談でも、共同声明で「台湾海峡の平和と安定の重要性」を強調した。日米の首脳が共同声明で台湾に言及したのは五二年ぶりだ。

それを受けて、同年七月一三日、防衛省が発表した「令和3年版 防衛白書」では、中国の動きを受け、バイデン政権が「軍事面で台湾を支援する姿勢を鮮明にしている」と強調し、軍事的な緊張が高まる可能性に言及している。

それだけ、中国の台湾への武力行使、そしてそれに端を発したアメリカと中国との軍事衝突が絵空事ではなくなってきたということである。

巻き込まれる日本

台湾をめぐっては、日本の外務省も「外交青書2021」で、中国の領土拡張の動きに関して「深刻な懸念」と明記し、台湾については「極めて重要なパートナーで大切な友人」と位置づけている。

この流れからすると、もし本当に、台湾をめぐって中国とアメリカが軍事衝突する事態=台湾有事が生じれば、アメリカと同盟関係にあり、台湾を「友人」と言い切る日本も必ず巻き込まれることになる。

二〇一五年九月、集団的自衛権の行使を一部認める安全保障関連法を成立させた日本は、憲法との整合性が依然として曖昧なままに、いやがうえにも同盟国であるアメリカ軍の後方支援を余儀なくされることになるだろう。

言うまでもなく、台湾有事となれば、中国が一方的に「固有の領土」と主張する沖縄県の尖閣諸島周辺も戦場と化す。

台湾から北東に約一七〇キロメートルしか離れていない海域に、中国は機関砲などを配備した海洋監視船などの船を、二〇二〇年の一年間に限っても、実に三三三日間も航行させている。

しかも、中国は、二〇二一年二月以降、沿岸警備にあたる海警局の船に武器使用を認める「海警法」なる法律まで施行させている。

ワシントンのシンクタンク「プロジェクト二〇四九研究所」（Project 2049 Institute）は、二〇一八年にまとめた報告書の中で、

「習指導部が日本の尖閣諸島に軍事侵攻するのは時間の問題」

と指摘し、中国軍や中国政府高官らの声明に基づいて、軍事侵攻が二〇二〇年から二〇三〇年の間に行われると警告した。

もしそうなれば日本は当事国だ。自衛隊員ばかりか民間人の血まで流れることになるかもしれない。これまで日中両国の関係は「政冷経熱」などと言われ、政治が冷え込んでいるときでも経済面での関係は熱く、結びつきは強固とされてきた。

それが「台湾有事」によって一時的にでも断絶状態となれば、新型コロナウイルスの感染拡大で落ち込んだ日本経済にはさらに大きな打撃となる。

ましてや、尖閣諸島をめぐり、日本が個別的自衛権を行使することになれば、貿易停止ばかりかサプライチェーンの崩壊につながるリスクも高い。

こうした中、習近平は、二〇二一年四月二〇日、中国・海南省で開かれた「ボアオ・アジアフォーラム」開会式で、

「中国はどこまで発展しても、永遠に覇権を唱えず、拡張せず、勢力範囲を求めず、軍備競争をしない」

と宣言してみせた。

ただ、これは、翌年の二〇二二年二月に北京冬季オリンピック、同年秋に党総書記としての三選がかかる中国共産党大会を控え、「中国脅威論」が国際社会で定着しないよう穏

健なイメージを振りまいたにすぎない。

実際、国際社会の注目が、新型コロナウイルスや変異株の感染拡大に集まっている間に、中国は、台湾上陸作戦を想定した軍事演習を行い、台湾の防空識別圏内に戦闘機や爆撃機を侵入させ、尖閣諸島周辺での飛行も常態化させている。

本編でも触れるが、同年七月一日、中国共産党創立一〇〇年の式典で、習近平は、「中国を刺激する妄想をするなら、鋼鉄の長城に頭をぶつけ血を流すことになる」と、アメリカを念頭に「血」という言葉まで使って異例の演説をしている。

こうした事実を踏まえると、数年以内に台湾有事に突入してもおかしくない状況が醸成されつつあると言えるのではないだろうか。

筆者は、在京ラジオ局で長く国際情勢を取材してきた立場から、台湾を取り巻く情勢を多くの方に知っていただきたいと思い本書を書き下ろした。

二〇二〇年以降、テレビ、ラジオ、新聞といった主なマスメディアは、新型コロナウイルス関連のニュースに多くの時間と紙面を割いてきた。

それは当然としても、日本を取り巻く情勢がかつてないほど緊迫化しつつあることも伝えなければならない。

本編では、アメリカと中国の思惑、突きつけられる日本の課題など、コロナ禍と並行して進む台湾有事への動きを、若い方にもご理解いただけるよう、できるだけ平易な言葉で述べていく。

本書が、海外旅行先として大人気の台湾の実情を知り、台湾をめぐる東アジア情勢に興味を持つきっかけとなれば、これほど嬉しいことはない。

第一章 「台湾有事」のシナリオ

「蔡英文圧勝」という誤算

「世界のすべての民主国家と香港の皆さんは、きょう我々が示した決定を喜んでくれるだろう」

民進党のシンボルカラーである「緑」の小旗やのぼりが揺れる中、午後一〇時、台北市内の選挙本部で支持者の前に姿を見せた蔡英文総統は、満面の笑顔で勝利の演説に臨んだ。二〇二〇年一月一一日、台湾の指導者を決める総統選挙で蔡英文が再選された瞬間である。

「総統加油《ジャヨウ》！（総統、頑張れ）」

選挙本部前を埋め尽くした支持者は口々に声を上げ、深夜の台北は歓喜と興奮に包まれた。

約十分間の演説が、支持者からのシュプレヒコールで何度も中断される中、蔡英文は手を挙げながらその声に応え、中国に対し、台湾を力ずくで奪還するといった脅しを放棄するよう強く促した。

中国との関係が最大の争点となった選挙で蔡氏は圧勝した。民進党の現職として臨んだ彼女が獲得した票数は約八二〇万票。初当選した二〇一六年の選挙より一三〇万票もの上積みに成功したことになる。

一方、対抗馬の最大野党、国民党の韓国瑜候補の得票は約五五〇万票。蔡候補に大差をつけられての敗北は、筆者の想定を超える結果であった。

この結果を、選挙の一年前までは誰が予測できただろうか。少なくとも中国にとっては望ましくない結果であり、大誤算だったはずだ。

中国とは距離を置く一期目の蔡政権下では、当然のことながら中国との関係が悪化し台湾経済は低迷。年金改革など構造改革への抵抗もあって、蔡英文率いる民進党は、前年に実施された統一地方選挙で国民党に大惨敗を喫していたからだ。

「蔡英文の支持率は二〇%から三〇%。これでは出馬できないのではないか」

二〇一九年初頭の段階では、台湾の有識者からこんな声が聞かれたものだ。

ところが、二〇一九年六月、香港で、容疑者の身柄を中国に引き渡しできるようにする逃亡犯条例の改定案に反対する大規模なデモが起きると情勢は一変する。

香港当局やその背後にいる中国の習指導部が警察力を総動員して抑え込もうとする動きが、台湾の有権者を突き動かしたのだ。

「中国は台湾も力でねじ伏せようとするかもしれない」

こんな思いが、蔡英文劣勢の下馬評を覆したのである。

とはいえ、中国は、中台統一を持ち出す際、香港で導入されてきた「一国二制度」を引き合いに、「統一しても台湾の人たちには言論の自由や民主主義を保証する」と繰り返してきた。

しかし、香港民主派に対する弾圧や取り締まりだけでなく、習近平自らが北京の人民大会堂で行った演説で墓穴を掘る。

二〇一九年一月二日、中国が台湾に平和統一を呼び掛けた「台湾同胞に告げる書」の発表四〇周年を記念する式典で、習近平は、

「祖国は統一されなければならず、統一することが必然。これは、新時代の中国人民を再び大きく活性化させるのに欠かせない条件だ」

「外国の干渉や、台湾のごく少数の『台湾独立』勢力に対して武力行使をすることは放棄しない」

と語ったのだ。

少数に対しても武力行使を厭《いと》わないとする強硬な政治姿勢は、一九八九年六月四日、民主化を求める少数のデモ隊を、当時の鄧小平指導部が軍を動員して武力で鎮圧した天安門事件を想起させる。

この演説が台湾の人々の「反中国感情」に火をつけ、その後の香港情勢とも相まって蔡

英文圧勝の導火線となったと筆者は見る。

事実、再選を受けての記者会見で、蔡英文は英国・BBCの記者とこんなやりとりをしている。

「圧勝での再選は習近平国家主席のおかげでは？」

「はい、選挙結果は『一国二制度』への拒否です」

まさに、習近平の演説そのものが誤算を招いたわけだが、その習近平が虎視眈々と狙う台湾に手を差し伸べたのがアメリカだ。

「はじめに」で触れたように、一九七九年四月、台湾関係法という法律を制定し同盟関係を築いてきたアメリカは、トランプ政権下の二〇一八年三月、政府高官が台湾を訪問できるようにする台湾旅行法を成立させたほか、台湾側に戦車一〇八両、F16戦闘機六六機などを売り渡している。

トランプ流のビジネスという側面はあるにせよ、「いざとなればアメリカが助けてくれる」という思いは、蔡英文本人や支持者らの気持ちを強くしたに違いない。このことも中国にとっては想定を超えることだったのではないだろうか。

「台湾アイデンティティー」の変化

「我々は中国の圧力には屈しない。台湾への脅迫は台中関係に何の役にも立たない」

二〇二一年二月九日、蔡英文は総統として、春節（旧正月）を前に談話を発表し、台湾への軍事的プレゼンスを強める中国をけん制してみせた。

同時に、彼女は、

「バイデン政権発足以降、アメリカとの関係は着実に発展しており、アメリカ軍は中国の挑発に明確な態度を示してくれている」

と述べ、人口二三〇〇万人あまりの小国（※あえて「国」と表記する）台湾には、アメリカの後ろ盾があることをアピールすることも忘れなかった。

二〇二〇年一〇月一〇日、中国の国慶節（一〇月一日の建国記念日）に続き、台湾が「双十節」（中華民国の建国記念日）を迎えた日の式典で、蔡英文が、

「国防を向上させ国家の安全を守る。友好国とも連携を強化する」

と述べて中国をけん制してみせると、台北の総統府前広場は、台湾市民が一枚岩になったかのような地鳴りにも似た拍手に包まれた。

しかし、台湾の人々が「自分は台湾人である」と考えるようになったのは最近のことだ。

台湾を論じる場合、正式に承認されている一六の先住民族、一八九五年から五〇年間続いた日本による統治前から台湾に住んでいた「本省人」と呼ばれる人々の存在、そして、蔣介石率いる国民党軍とともに移民した「外省人」に触れておかねばならない。

オランダや清朝、日本など、いくつもの外来政権に統治されてきた台湾は、民族、言語、文化、宗教などが異なる人たちが住むモザイク国家的な地域で、台湾人としてのアイデンティティーをひと括りに表現することは難しい。

今述べたような文化的な差異もあれば、親中派か反中派かといった政治的アイデンティティーの違いが存在するのも台湾の特徴だからである。

とはいえ、政治のトップリーダーを決める総統選挙が民選（国民による直接選挙）となった一九九六年以降、四半世紀の変化を見ると、多様なアイデンティティーの間で揺れ動いてきた状態とは異なる変化が見られる。

国民党軍とともに台湾に移り住んだ「外省人」は、その多くが軍や政府機関などで働き、支配層として高い中国人意識を持っていた。

一方、以前から台湾に住む先住民族や「本省人」は、標準的な中国語とは違う台湾語を話すなど独自の文化を育んでいたため、最初に発足した国民党政権からは台湾語の使用を禁止され抑圧の憂き目に遭ってきた。

しかし、初の民選総統となった李登輝が、「徹底した民主化」および「本土化（中国色の払拭）政策による台湾人意識の高揚」に取り組んだこと、そして、その後、民進党の陳水扁総統が、「中華」ではなく「台湾」という呼称の定着化を図り、台湾語を小学校の授業に取り入れたことなどを受けて、以前から台湾に住んでいた人たちの間で、しだいに「台湾人アイデンティティー」が形成されるようになっていったのである。

そればかりか、中国との関係をめぐって長年「本省人」と対立してきた「外省人」でさえ、世代が代わり、台湾に生まれ育った人たちが増えるにつれ、帰属意識に変化が生まれ、「台湾と中国は別」という考え方が定着していった。

総統選挙に話を戻せば、二〇一六年と二〇二〇年の選挙で、蔡英文を熱く支援したのが、「天然独」と呼ばれる二〇代から三〇代の若い世代だ。

「天然独」とは、文字通り「生まれながらの独立派」という意味で、台湾の民主化が進んだ一九九〇年代以降に教育を受けた若い人たちを指す言葉である。

左の図は台湾の国立政治大学が毎年、「あなたは何人か？」を尋ねた調査結果の推移である。

十数年前までは「台湾人でかつ中国人」と答える人の割合が高かったが、このところ「私は台湾人」と答える人の割合が他を圧倒している。

台湾人のアイデンティティーに関する調査（1992〜2020年）

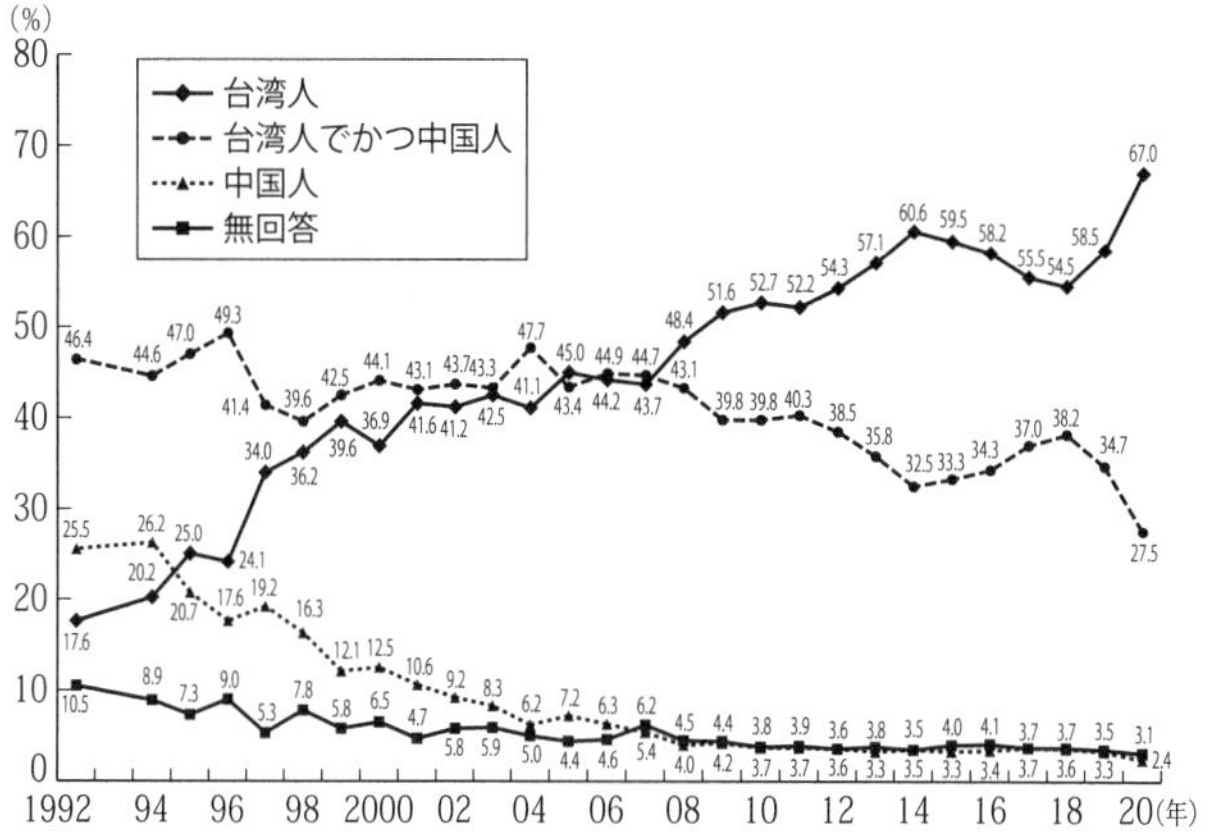

出典：国立政治大学選挙研究センターHP

台湾は国際社会から国家として承認されていない。しかし、国旗や国歌というナショナルアイデンティティーを示すものがあり、国家としての三要素、「領土」「国民」「主権」も存在する。

中国が圧力を強めれば強めるほど、「台湾人アイデンティティー」が芽生え、「中国とは別」という意識が定着していく。

それだけに衝突のリスクもはらんでいるように思うのである。

習近平の野望

習近平が、胡錦濤や温家宝など第四世代と呼ばれる指導者に代わり、中国共産党の頂点である総書記の座に就いたのは、二〇一二年一一月のことだ。

中国の指導者は、毛沢東時代が第一世代、鄧小平時代が第二世代、江沢民時代が第三世代、そして胡錦濤時代が第四世代と呼ばれる。

当時、五九歳だった習近平は、翌年三月、中国の国会にあたる第一二期全国人民代表大会（以下、全人代と表記）で国家主席や国家中央軍事委員会主席にも選出され、中国共産党、国家、軍の三権を完全に掌握することとなった。

国務院総理（首相）には李克強を起用し、ここに第五世代、習近平を最高権力者、李克強を政治行政の実務的な責任者とする指導体制が幕を開けたのである。

その習近平が就任以降、一貫して掲げてきたのが「中国の夢」というフレーズである。

国家主席に選出された全人代での演説で、習近平はこう述べている。

小康社会の全面完成、富強・民主・文明・調和の社会主義現代化国家の完成という目標の達成、中華民族の偉大な復興という夢の実現は、国家の富強、民族の振興、人民の幸せを実現させるものである。中国の夢とはつまり人民の夢であり、人民と共に実現し、人民に幸せをもたらすものである。（抜粋）

中国国家主席の任期は一期五年である。

二期目がスタートした二〇一七年、中国共産党の党規約には、「習近平による新時代の中国の特色ある社会主義思想」という文言に加えて、「中国の夢」も盛り込まれている。この「夢」こそが習近平の野望なのである。

その一つが、最高権力者の地位に君臨し続けることだ。そしてその「夢」は、実現に向けて着々と進んでいる。

まず、憲法より重要とされる党規約に、「習近平による……」などと個人の名前が明記されたことだ。これは、毛沢東時代や鄧小平時代以来で極めて異例だ。

そして、二〇一八年二月二五日、中国共産党中央委員会で、国家主席の任期を「二期一〇年」までとする憲法の条文を削除する案がまとまり、翌月の全人代でこれを承認した点だ。

こうした動きは、習近平の狙いどおり、彼自身を神格化し、国家主席という最高権力者の地位をほぼ永久的に保証するものと言っていい。

これらによって習近平は、二〇二二年秋の党大会を経て、三期一五年、そして四期二〇年と長期政権を築く公算が極めて大きくなった。

その習近平が、最高権力者として君臨しながら達成しようとしているのが、もう一つの

「夢」だ。

それは、「核心的利益」の確保である。

筆者は、中国が「核心的利益」という言葉を用いるのは、「国家として妥協する余地がない利益」という意味に使うケースと解釈している。

たとえば、二〇一三年四月二六日、中国外務省の華春瑩副報道局長（当時）は、現在、日中両国で最大の争点となっている沖縄県の尖閣諸島について、「釣魚島（尖閣諸島の中国名）は中国の領土主権に関する問題であり、当然、中国の核心的利益に属する」

と語っている。つまり尖閣諸島の帰属問題は、中国にとって一歩たりとも譲歩できない国益事項ということになる。これは台湾に関しても同じである。

三つの一〇〇周年

最高権力者の地位に君臨し続けることと「核心的利益」を確保すること、この二つが揃えば、習近平が目指す「中華民族の偉大なる復興」が叶う。

中国軍の戦略や戦力に関しては後述するが、自身の地位を揺るぎないものとし、台湾海域にアメリカ軍が出てきたとしても勝てると確信できる戦力が整ったとき、行動に出るのではないかと筆者は見る。

その時期を占う節目が「三つの一〇〇周年」だ。

◆「中華民族の偉大なる復興」に向けての「三つの一〇〇周年」
・二〇二一年 中国共産党創立一〇〇周年
・二〇二七年 中国軍（人民解放軍）建軍一〇〇周年
・二〇四九年 中華人民共和国建国一〇〇周年

このうち、中国共産党創立一〇〇周年の式典は、習近平個人を崇拝する形で終わった。二〇四九年の建国一〇〇周年は、習近平が九六歳で迎えることになるため現実的ではない。台湾の中でどれだけ独立の機運が高まるかにもよるが、これらの節目で考える限り、二〇二七年あたりに何らかの動きがある可能性が高い。

毛沢東以来、中国の軍事的戦略のキーワードは「積極防衛」である。

「先制攻撃はせず、戦争に至りそうな場合はそれを抑止するよう努力する」

という考え方が継承されてきた。

しかし、それを杓子定規に遵守するだけでは、「中国の夢」は実現しない。

習近平は、先に述べた二〇一九年一月の「台湾同胞に告げる書」発表四〇周年を記念する式典で、台湾について「習五項目」なる考え方を発表している。

当時の国営新華社通信の記事を見ると、真っ先に出てくるのが「台湾統一」と「中国の夢」だ。

台湾に関しては、歴代の最高権力者も、「江八点」（江沢民時代の一九九五年）や「胡六点」（胡錦濤時代の二〇〇八年）のように、それぞれの考え方を示してきたが、習近平もまた、「中国の夢」と関連づけ、是が非でも台湾を統一するという強い決意を示した。

そして、そのためには台湾の独立など認めず、独立を助長するような外国からの干渉を受けた場合、武力を行使してでも断固拒否する姿勢を鮮明にしたのである。

習近平が国家主席に選出された際に述べた「中華民族の偉大な復興」には、経済上の利益だけでなく安全保障上の利益も欠かせない。

二〇一五年、中国は、国際的ルールの恩恵を受ける形で、アジアインフラ投資銀行（AIIB）を発足させ、世界に向けて経済大国ぶりをアピールした。

名前のとおり、アジアの新興国への融資を目的に発足し、当初は五七だった加盟国の数も今では一〇〇を超えている。加盟国の数は、日本などが主導するアジア開発銀行（ADB）の六八をはるかに上回る。

その前年の二〇一四年には、アジアとヨーロッパを陸路と海上航路でつなぐ物流ルートを作り、貿易促進と経済成長につなげるという「一帯一路」構想も打ち出している。

このように、経済大国としてまとめ役を買って出る一方で、国際的な秩序から逸脱してでも東シナ海や南シナ海への進出を続けるのは、絶対的な権力を永久的に行使できる権利を手中にしつつある習近平が、「夢」の実現に本腰を入れ始めたことを意味している。

だからこそ衝突のリスクが高まっているのである。

アメリカ・インド太平洋軍司令官の予測

在京ラジオ局の報道デスクとして、日々、通信社からの記事に接している筆者がよく目にするのは、

「中国軍機、台湾の防空識別圏内に侵入」

という一報である。それも対潜哨戒機が一機か二機といった規模ではない。

一度に戦闘機が二〇機以上、領空とは別に各国が防空のために設定した空域である防空識別圏を侵すという事態が頻発しているのだ。

ちなみに中国軍機は、二〇二〇年まで、二〇一九年の一回を除き、台湾海峡の中間線（一九五〇年代、アメリカ主導で設けられた中国と台湾の間の海峡の中央を通る見えない線）を

越えて台湾の防空識別圏に入ることはなかった。それが今や毎日のように起きているのだ。

公益財団法人日本国際問題研究所がまとめた「戦略年次報告２０２０」には次のような記述が見られる。

中国軍機は二〇二〇年一一月の三〇日間のうち二六日、防空識別圏で飛行を行った。中国がこのような暗黙の了解に縛られない行動を頻繁に取るようになったことで、不測の事態が起こる可能性が高まることになった。台湾の東側海空域での人民解放軍の活動の活発化は、台湾海峡を越えた侵攻に備えれば良いという台湾防衛の前提を崩すことにもつながる。（抜粋）

中国軍の動きは、二〇二〇年一月、台湾総統選挙で蔡英文が再選されて以降、目立つようになった。

二〇二〇年五月に蔡英文が総統就任式に臨むと、中国は空母「遼寧」を台湾東岸に展開させ、その後、アメリカ政府高官が訪台した際にも戦闘機を出動させている。

実際、習近平は、二〇二〇年一〇月二三日、中国人民解放軍の朝鮮戦争参戦七〇周年の記念大会で、

「我々は国家主権、安全、発展利益が損なわれるのを決して座視しない。もし、このような深刻な状況が生起したら、中国人民は必ずや正面から痛烈に打撃する」

と、アメリカが台湾に肩入れするなら戦うという姿勢を明確にしているのだ。

こうした中、アメリカや日本では、インド太平洋軍司令官、フィリップ・デービッドソン海軍大将（当時）の証言が多くの関心を集めた。

二〇二一年三月九日、翌月に退任を控えたデービッドソンは、アメリカ連邦議会上院軍事委員会の公聴会に臨み、

「六年以内に、中国が台湾を侵攻する可能性がある」

と明言したのである。

六年とは、二〇二二年秋に予定される中国共産党大会を意識した数字だ。

習近平は、この大会で党総書記として三選を果たし、前述したように長期政権への道を確固たるものにする狙いがあるとみられる。

デービッドソンが述べた六年は、三選が決まるまでの一年と党総書記三期目の五年を合わせたもので、この間に台湾統一に向けて具体的な行動を起こす可能性が高いと見ているのだ。

筆者がアメリカ留学時代から親しくしている民主党関係者、ワシントンDCやボストン

で主に軍事問題を取材してきたメディア関係者の中には、

「中国が台湾に軍事力で侵攻する可能性は低い」

「アメリカが出て行けば限定的な戦闘では済まなくなる。それは中国もアメリカも理解しているのではないか」

という声が多い。

とはいえ、デービッドソンは、日本の防衛省幹部からも「情報収集力が極めて高い」と目される軍人である。インド太平洋軍自体も、アメリカ軍が擁する九つの統合軍では最大の組織で、戦闘能力だけでなく情報分析力も高い組織とされている。

陸・海・空の三軍に海兵隊を加えた三〇万人規模の兵員で構成され、担当するエリアは東アジアや南アジア、それにオセアニアと広く、この中には日本や台湾も含まれている。

現在、司令官は、ジョン・アキリーノに交代しているが、当時のトップで、日本の防衛省幹部からも人望があるデービッドソンが、「台湾有事」の可能性について、連邦議会という公的な場で証言したことは軽視できない。

中国軍機が防空識別圏に侵入したり、艦船が台湾海峡の中間線を越えたりする行動が頻発すれば、偶発的な戦闘に発展する恐れはある。

こうした中、アメリカは、二〇二一年五月一一日、長崎県佐世保市で、日本、オーストラリア、それにフランスも交え四か国で軍事演習を実施してみせた。

その狙いは、中国へのけん制と、実際に台湾や尖閣諸島を防衛するための訓練だったわけだが、中国がインド太平洋地域の秩序を、圧倒的な軍事力を背景に変えようとする限り、訓練が現実のものになってしまう危険な状態も続くことになる。

蔡英文が「楽山」を訪問した理由

「これは、ソノブイと言いまして、潜水艦を捜索するために航空機から海面に投下されるものです。投下した後、海中に吊り下げられる受波器等によって潜水艦の発する音を聴き取るわけです」

これは、コロナ禍以前、筆者が航空自衛隊の輸送ヘリCH―47ならびに対潜哨戒機P―3Cに搭乗し取材させてもらったときの空自幹部の言葉だ。

「それだけ日本の海域には、北朝鮮に限らず、他国の潜水艦がうようよいるということです」

言葉の中に「中国」という名前こそなかったが、そのときの取材メモには、

「一本十数万円もするソノブイを、対潜哨戒機は一機あたり数十本も積んでいる。一年に投下される額は二億円超？ 仮想敵国は北朝鮮ではなく中国？」

と率直に受けた感想を書き残している。

中国の原子力潜水艦による日本近海での潜航は、尖閣諸島や台湾近海に進出してきている艦船や戦闘機などよりも視認しにくい分、脅威と言える。

中国の軍事力に関しては次の項で述べるが、極超音速滑空ミサイルや新型の弾道ミサイルの開発を着々と進めている。台湾海峡に身を隠した潜水艦から、日本やグアムをはじめアメリカ本土を攻撃できるようになるまで時間はかかるまい。

こうした中、蔡英文は、二〇二〇年一〇月一三日、台湾北東部の台湾海峡沿いにそびえる標高二六二〇メートルの楽山を視察に訪れた。

この山には巨大なアメリカ製のレーダーが二本立っている。

EWRと呼ばれる早期警戒レーダー基地になっていて、中国軍機が台湾の防空識別圏を侵害したり、中国の潜水艦がミサイルを発射したりした場合、瞬時に探知し捕捉する役割がある。山頂に設置されたレーダーは、南シナ海全域を監視できるため、台湾の防衛のみならず、そこで得られたデータは、アメリカ本土の防衛にもプラスになる。

蔡英文は、このような重要拠点である楽山を訪れ、直径三〇メートルの巨大アンテナが設けられている情報収集・早期警戒センターなどを見て回ったのだ。

台湾の南西、南シナ海の海南島には、核弾頭を搭載した戦略核ミサイル「JL2」を搭載した中国の原子力潜水艦の基地があり、蔡英文が楽山を視察する二か月ほど前には、地下施設に入っていく原子力潜水艦の様子がＳＮＳで拡散されている。

そんな中で視察を行った彼女の脳裏には、有事の際、この基地をいかにして守るかという難題がよぎったはずだ。

レーダーが破壊されれば、台湾軍はもちろんアメリカ軍にとっても、潜水艦の動きやミサイルの発射を探知する唯一無二の「目」を失う。

そのことは中国軍も承知しているはずだ。

台湾海峡を挟み中台の小競り合いが生じたとして、それがより深刻な台湾有事へと発展するかどうかは、中国軍が楽山のレーダー基地を破壊する行動に出るかどうか、そしてそのとき、アメリカ軍がどのような防衛手段をとるかでわかると言えるのではないだろうか。

二〇二一年四月一五日、知日派で知台派でもあるアメリカのリチャード・アーミテージと、中国の理解者と目されてきたジェームズ・スタインバーグらが、バイデンの要請を受けて訪台し蔡英文と会談した。

この人選は実に見事だ。二人は、それぞれ共和党ブッシュ政権と民主党オバマ政権で国務副長官を務めた人物である。

政党が異なり中国に対して立ち位置も違う二人を、ワシントンＤＣで開かれた日米首脳会談と同時期に台湾へ派遣したことは、バイデンが国を挙げて台湾を支援するという強い意思を示したものと筆者は受け止めている。

軍事力を増強する中国

二〇二一年三月五日から七日間にわたって開かれた中国の全人代で、日本円にして約二二兆五〇〇〇億円（約一兆三五〇〇億元）に上る巨額の軍事費（国防費）が公表された。

これは前の年に比べ、六・八％増え、日本の二〇二一年度予算における防衛費、約五兆三四〇〇億円の四倍を超える。次頁の図のように右肩上がりだ。中国軍（人民解放軍）の兵員数も、日本の自衛隊約二四万人の一〇倍近い規模である。

これだけを見ても、中国が力ずくで尖閣諸島を手に入れようと武力行使に出た場合、日本は単独で迎え撃つことは困難と言えるだろう。

防衛省が毎年公表している「防衛白書」の令和二年版には以下の記述がある。

「中国は、過去三〇年以上にわたり、透明性を欠いたまま、継続的に高い水準で国防費を増加させ、核・ミサイル戦力や海上・航空戦力を中心に、軍事力の質・量を広範かつ急速に強化している」

さらに「防衛白書」では、ミサイルの性能向上を指摘している。

中国の公表国防予算の推移

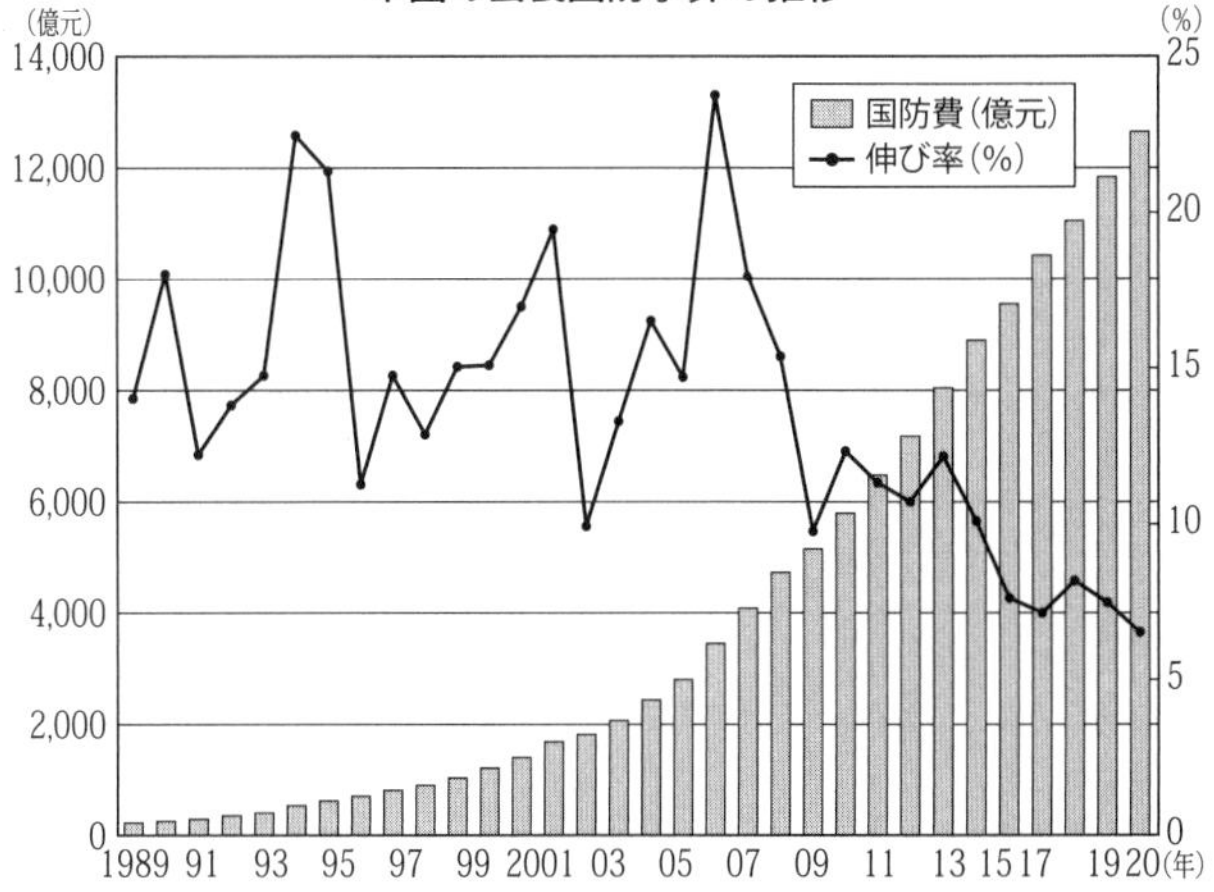

出典：「令和２年版 防衛白書」

「中国は、大陸間弾道ミサイル、潜水艦発射弾道ミサイル、中距離弾道ミサイル、短距離弾道ミサイルといった各種類・各射程の弾道ミサイルを保有している。

これらの弾道ミサイル戦力は、液体燃料推進方式から固体燃料推進方式への更新による残存性及び即応性の向上が行われているほか、射程の延伸、命中精度の向上、終末誘導機動弾頭化や個別目標誘導複数弾頭化などの性能向上が図られている」

思い起こせば、一九九五年、台湾の李登輝総統（当時）の訪米時にアメリカが査証《ビザ》を発給したのを受けて、これを非難する中国が台湾近海でミサイルを発射し、米中間で緊張が高まったことがある。

その際は大事に至らなかったが、その最大の理由は、中国の戦力があまりに旧式で、アメリカが台湾海峡に派遣すると発表した空母「インディペンデンス」を中心とする第五空母戦闘群には太刀打ちできなかったためだ。

航空自衛隊で西部航空方面隊司令官を務めた元空将、小野田治は、共著『台湾有事と日本の安全保障』の中でこう記している。


当時の中国の軍事力を概観すると、潜水艦の多くはディーゼル潜水艦で行動半径は一〇〇〇海里（一八五二キロ）程度。駆逐艦とフリゲート艦はほとんどが対艦ミサイル対処能力を保有せず、航空機の多くはソ連製のミグ－17、ミグ－19、ミグ－21といった第三世代戦闘機でした。（抜粋）

しかし、現在の中国軍は様相が異なる。

習指導部は、七つあった軍区を五つの戦区に再編した。さらに、陸・海・空の三軍が連携して一つの指揮系統で動くよう改組し、戦闘能力も大幅に改善させている。

現有する射程距離一万一〇〇〇キロの大陸間弾道ミサイルなどに加え、「ＪＬ３」と呼ばれる射程距離一万三〇〇〇キロ以上の潜水艦発射弾道ミサイルやステルス爆撃機、それ

中国によるアメリカを意図した防衛線

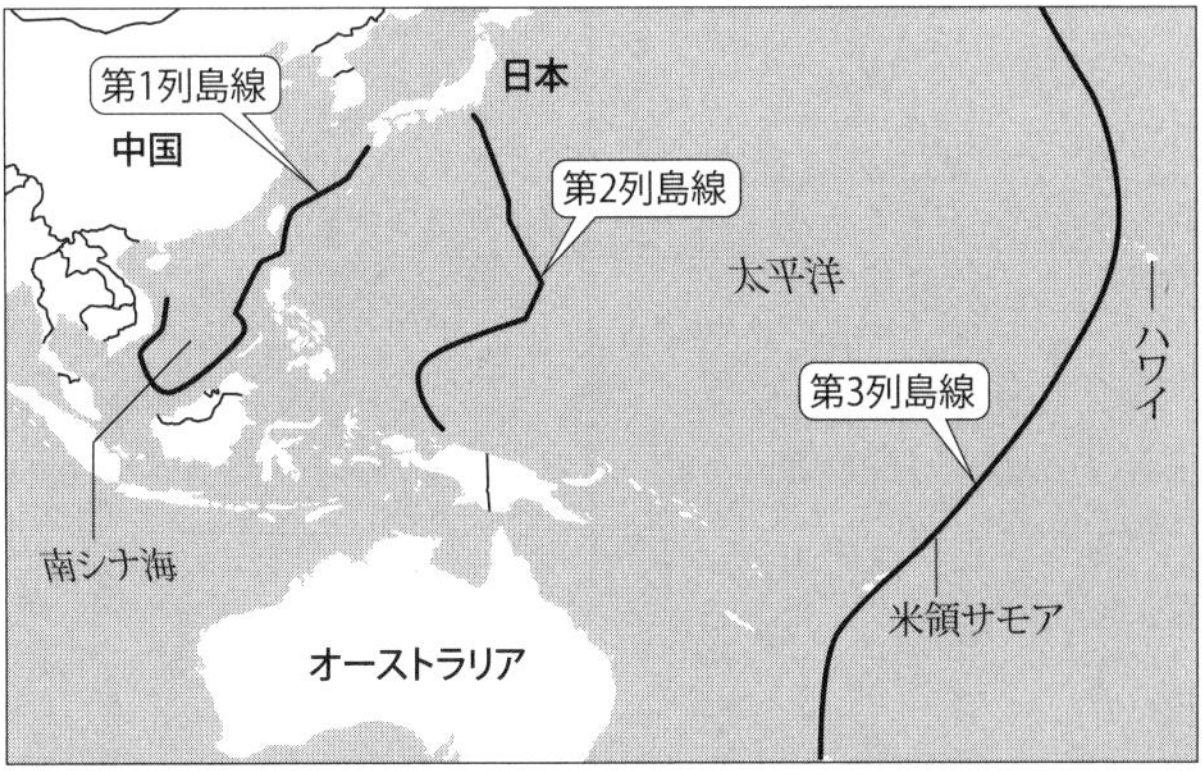

に三隻目の空母が進水すれば、アメリカをしのぐ戦力が整うことになる。

台湾有事に至るプロセス

「第一列島線の西側、つまり東シナ海と南シナ海は自分たちでコントロールするというのが中国の考え方。中国が台湾と尖閣諸島をあきらめることは絶対にない」

筆者の取材にこう語るのは、二〇一四年から二〇一九年の間、自衛隊制服組のトップである統合幕僚長を務めた河野克俊である。

河野は、この第一列島線をめぐる米中の駆け引きが鍵になると語る。

第一列島線とは、中国が引いた軍事戦略上のラインで、上の地図で示すようなアメリカ封じ込めを意図した防衛線を指す。

もともと、冷戦時代にソ連や中国を封じ込めるためにあった戦略的な防衛線という考え方を、中国が鄧小平時代に転用したものだ。

一九九二年、尖閣諸島や南沙諸島などを中国の領土だと定めた「領海および接続水域法」を施行させると、中国は、その考え方をより強調するようになって、米中そして日中間の摩擦を生んできたのである。

では、台湾有事に至るシナリオ、言い換えれば、第一列島線内が緊迫化するまでのプロセスにはどんなことが考えられるだろうか。

◆台湾有事へのシナリオ

（1）台湾当局へのサイバー攻撃やSNSを駆使して蔡政権を陥れる、あるいはデマを流して混乱させる。

（2）ECFA（中国と台湾が締結した自由貿易協定）の運用を破棄し、台湾と中国の往来を遮断することで経済的ダメージを与える。同時に台湾内の統一派の蜂起も促す。

（3）南シナ海の島々に艦船やミサイルを配備し「あくまで演習」と発表しつつ、工作員などの手で台湾・楽山のレーダーを破壊。

（4）海軍の艦船より先に漁船団を台湾に接近させ、それを監視するという名目で海警局の船や駆逐艦、潜水艦を台湾に近づける。
（5）「アメリカ軍が先に仕掛けてきた」を口実に部分的な攻撃に踏み切る。

これらは、河野の見解や自衛隊関係者を取材した内容からまとめたものだが、有事が（1）から（5）の順に起きるわけではない。

ほかにも、アメリカ軍と自衛隊の注意を引きつけるため、北朝鮮の金正恩を動かし中短距離ミサイルを発射させるとか、日米にもサイバー攻撃や電磁パルス攻撃などを仕掛け、攪乱《かくらん》するなど、物理的な軍事作戦の前に、心理戦や情報戦など様々なことを同時並行的に仕掛けてくると想定される。

「夢」である台湾統一に向け武力行使も辞さない中国は、台湾軍が反撃を試みれば強大な軍事力で潰しにかかり、アメリカ軍が台湾軍の救援に向かえば、「A2」「AD」という考え方で応戦するであろう。

ここで言う「A2」や「AD」はアメリカによって示された概念で、「A2」とは、アクセス阻止（Anti-Access）という意味で、敵が作戦領域に入ることを阻止すること、またその能力を指す。

もう一つの「AD」は、エリア拒否（Area-Denial）の意味に使われ、作戦領域内で敵の自由な行動を制限することやその能力を指す用語である。

中国は、アメリカが作った軍事作戦遂行の概念をそのまま自国に当てはめ、第一列島線内に入ってくるアメリカ軍、台湾という中国からすれば「国内問題」に首を突っ込んでくるアメリカ軍を撃退するための大義名分にする可能性が高い。

とはいえ、すぐに中国が軍事行動に出るかと言われれば、そうではない。

台湾侵攻は、中国にとって負けることが許されない戦争である。

習近平の最高権力者としての地位が永久的に続く仕組みができ、アメリカを相手にしても確実に勝てる戦力が整ってから、ということになる。

それが、先に述べた「六年以内」である。その間に、年々二〇兆円以上投下される巨額の軍事費によって、仮にアメリカが同盟国と連合軍を組んで対処してきたとしても負けないだけの最新兵器を手にすることは十分可能だ。

たとえば、先の項で述べた射程距離が長い潜水艦発射弾道ミサイルである。完成すればアメリカ本土が射程に入る。

また、相手のミサイル防衛を突破することができる極超音速滑空ミサイルの開発である。これに関してはすでに実験が行われ、それを搭載して発射する「DF-17」と呼ばれる中距離弾道ミサイルも、二〇一九年一〇月一日、建国七〇周年を祝う軍事パレードでお目見えしている。

中国軍の台湾統一作戦は「全領域戦」

台湾有事に至るプロセス、中国側が描くであろうシナリオを考えるとき、キーワードとなるのが「Warfare」という言葉である。

通常、戦争と言えば英語で「War」と言う。「Warfare」も戦争や戦闘行為を意味する言葉だが、「War」とは微妙にニュアンスが異なる。

ミサイルで敵艦を攻撃したり、市街戦で撃ち合ったりするのが「War」なら、「Warfare」は、先の項で述べたような、心理戦や情報戦、場合によっては政治戦や金融戦なども含めた全領域戦ということになる。

これを提起しているのが、元陸上自衛隊東部方面総監、渡部悦和である。

渡部は、二〇二一年五月一七日、日本記者クラブで行ったオンラインでの記者会見で、中国軍が採ると予測される軍事作戦を、全領域戦、あるいはハイブリッド戦と呼んで、「非軍事的手段、戦闘とまでは言えないグレーゾーンの状態など、軍事的手段だけでなく、ありとあらゆる可能な手段を採用して目的を達成する可能性がある」

と指摘した。
渡部が分類した全領域戦とは次のようなものだ。

◆中国が台湾統一で行うと予測される全領域戦
・情報戦（政治戦、影響工作、心理戦、外交戦、核による威嚇）
・破壊・転覆工作（サボタージュ＝破壊工作、誘拐、要人暗殺、暴力的デモ、浸透工作）
・封鎖作戦（サイバー戦、電磁パルス攻撃、海上・航空封鎖、宇宙戦）
・離島攻撃（台湾の金門、馬祖、澎湖諸島など台湾周辺の島嶼《とうしょ》占拠）
・火力打撃作戦（航空打撃、弾道ミサイル打撃）
・本格的な着上陸作戦

中国はスーパーコンピューターや携帯電話に代表される電子機器の分野でアメリカと並ぶ科学技術大国だ。最近では「ＡＩの分野でもアメリカに追いつく」と強気の姿勢を見せている。

宇宙に関しても、二〇二一年五月一五日、無人探査機「天問一号」が火星への着陸に成功し、「宇宙強国」に向けても大きく前進した。

中国軍の組織図

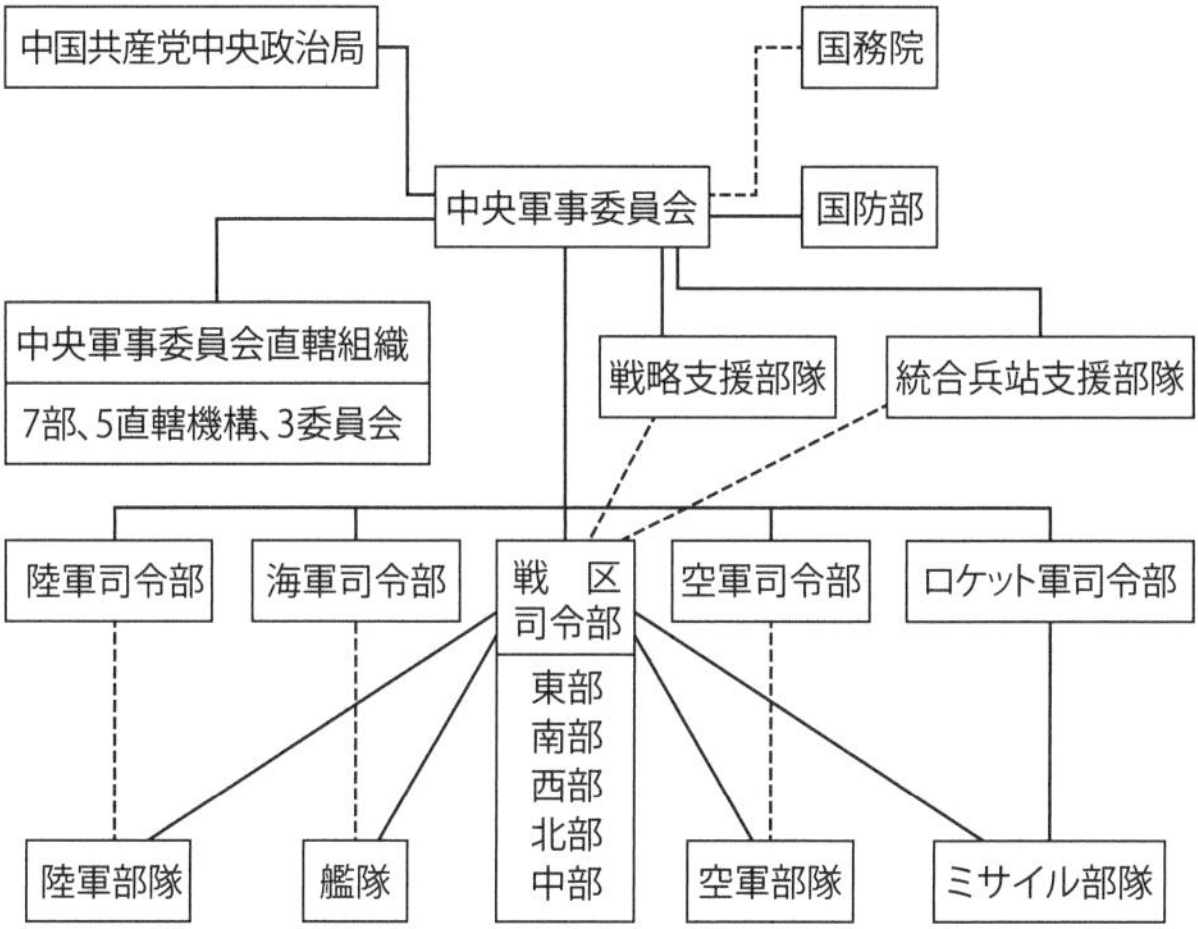

出典：「中国国防白書『新時代の中国国防』」

これらの動きは、とりもなおさず、中国がハイテクを駆使した軍事大国へと成長している証である。

中国は二〇一五年、宇宙、ネットワーク、サイバー空間における優勢を確保し、全領域での戦いを有利に進めることを目的とした新組織、戦略支援部隊も設けている。

上の図は、渡部が二〇一九年に発表した論文「中国国防白書『新時代の中国国防』」の中で示した中国軍の組織図である。

これを見ると、中国共産党の中央政治局をトップに中央軍事委員会が置かれていることがわかる。

また、戦略支援部隊の位置付けや戦

区が地域ごとに五つに再編されていることなどが理解できるはずだ。

中国共産党が全権を掌握し、その下にある中央軍事員会が全体を管理し、五つの戦区が作戦を実行するという指揮系統が見てとれる。

そんな中でも、全領域戦をつかさどる戦略支援部隊の存在が、特に台湾有事においては鍵となるのである。

元陸将のキャリアを持つ渡部は、筆者も参加した会見で、

「中国はこの分野で目覚ましい進歩を遂げている。その中国が仕掛けてくる情報戦などは始まっても見えにくい。アメリカが台湾を支援しようとしても、すぐには対処できず、その間に中国に獲られてしまう可能性がある」

と指摘している。

もちろん、「Warfare」という全領域戦であっても、火力打撃作戦や着上陸作戦が含まれる以上、軍事力そのものの増強も不可欠だ。

中国共産党の機関紙、人民日報系の環球時報（英語版）は二〇二一年一月一八日、上海で建造中の三隻目の新型空母が年末までに進水し、二〇二五年までに海軍に引き渡されるとの見通しを伝えた。次項では現在の戦力を見ていくことにする。

中国軍と台湾軍の戦力比較

防衛関係者でなくとも簡単に中国を含む各国の軍事力を比較できるのが、毎年、アメリカの軍事分析企業グローバル・ファイアーパワー（Global Firepower＝GFP）が発表している「世界の軍事力ランキング」（2021 Military Strength Ranking）である。

◆中国の軍事力
・兵員二一八万五〇〇〇人
・航空機三二六〇機（戦闘機一二〇〇機、爆撃機三七一機、ヘリ九〇二機ほか）
・戦車三二〇五台
・装甲車三五〇〇〇台
・艦船七七七隻（空母二隻、潜水艦七九隻、フリゲート艦四六隻ほか）

同時に発表されたランキングでは、アメリカが一位、ロシアが二位、中国は三位で、以下、インドが四位、日本が五位、韓国が六位と続く。

一位のアメリカと比べれば、戦闘機（アメリカは一九五六機）や空母（アメリカは一一隻）

の数で見劣りするものの、中国の空軍は最新の戦闘機をそろえ、海軍でも潜水艦などの数でアメリカ（六八隻）を上回っている。

尖閣諸島や台湾海域が戦闘地域になると考えれば、東アジアにおける戦力は、中国がアメリカを凌駕する。

中国の軍事力を知るには、アメリカ国防総省が毎年、連邦議会に提出している「中国の軍事力に関する年次報告書」も重要である。二〇二〇年版で国防総省は、

「中国軍は世界最大の海軍力を有している」

と指摘し、中国が保有する核弾頭の数を少なくとも二〇〇発と見積もっている。さらに、ミサイルに関しても、

「射程が五〇〇キロ〜五五〇〇キロの地上配備型中距離ミサイルを、弾道ミサイルと巡航ミサイル合わせ一二五〇基以上持っている」

と分析している。

台湾の戦力に関しては次頁の図を見ていただきたい。

日本の「令和2年版 防衛白書」によれば、総兵員は一六万人に過ぎず、陸・海・空いずれの戦力も中国の比ではない。蔡政権は国防費を増額しているが、その質と量は中国に及ぶべくもない。

中国と台湾の戦力比較

		中国	台湾
総兵員		約204万人	約16万人
陸上戦力	陸上兵員	約98万人	約９万人
	戦車等	99/A型、96/A型、88A/B型など 約6200両	M-60A、M-48A/Hなど 約700両
海上戦力	艦艇	約750隻、197万トン	約230隻、20万トン
	空母・駆逐艦・フリゲート	約90隻	約30隻
	潜水艦	約70隻	４隻
	海兵隊	約３万人	約１万人
航空戦力	作戦機	約3020機	約520機
	近代的戦闘機	J-10×468機 Su-27/J-11×349機 Su-30×97機 Su-35×24機 J-15×20機 J-16×60機 J-20×22機 （第４・５世代戦闘機 合計1040機）	ミラージュ2000×55機 F-16×143機 経国×127機 （第４世代戦闘機 合計325機）
参考	人口	約13億9700万人	約2400万人
	兵役	２年	徴兵による入隊は2018年末までに終了（ただし、1994年以降に生まれた人は４カ月の軍事訓練を受ける義務）

出典：「令和2年版 防衛白書」

台湾有事に至る場合、間違いなく中国の仕掛けで戦端が開かれることになる。

台湾が独立でも宣言すれば話は別だが、ほかには台湾から中国を先制攻撃する理由がなく、中国には「統一」という悲願が存在するからである。

ここで注目すべきは、中国国務院が発表した「国防白書」（二〇一九年版）だ。これには、「新時代の中国の国防」

を主題に、防御的国防政策に関する記述が続く。

その四年前に発表した「国防白書」（二〇一五年版）が軍事戦略に重点を置いていたのとはトーンが異なるため、読むと違和感を覚える。

ただ、これは、中国を敵視するアメリカの軍事力増強に対する意趣返しであり、「我々が軍備を増強し海洋進出を図るのは、あくまで国土を守るため」という国際社会に向けてのプロパガンダだと筆者は見る。なぜなら習指導部は、台湾も国土の一部と考えているからである。

歴史をひも解けば、一九六九年の中ソ国境紛争や一九七九年のベトナムとの中越紛争で、先に手を出したのは中国である。

これから考えても、中国は、国際社会がアメリカに味方しないよう好戦的な姿勢を抑制しながら、機が熟せば台湾に先制攻撃を仕掛けると考えるべきだ。

クリミア併合から何を学ぶか

中国の習近平指導部が二〇一六年の春、複数の政府系シンクタンクなどに対して
「ロシアによるクリミア併合を研究せよ」
という内部指令を出した……。このような記事が産経新聞の電子版（二〇一七年一一月

二〇日）に掲載された。

二〇一六年春と言えば、蔡英文が総統選挙で勝利し、一期目の施政を本格化させる頃の話である。

これまで筆者の取材に答えてくれた河野克俊ら自衛隊関係者、それに軍事専門のアメリカ人ジャーナリストも、二〇一四年二月に勃発したロシアによるクリミア自治共和国併合のプロセスに注目している。

なぜなら、中国が同じような手段を用いて、台湾を手に入れる可能性があるからである。このとき、クリミアを領土としてきたウクライナとロシアとの間で宣戦布告はない。ロシアは戦争による犠牲を払うことなく、先に述べた全領域戦やハイブリッド戦で、欲しかったクリミアの地を手に入れている。

◆戦争の種類
・HOT WAR＝通常のいわゆる戦争。航空作戦や上陸作戦などを通して、ミサイルや銃などを撃ち合う戦い。
・COLD WAR＝武力ではなく経済・外交・情報で争う戦い。
・GRAY ZONE＝情報操作や政治工作、経済的圧力など非軍事的手段で相手を攪乱したり離島の一部だけ占拠したりして、なし崩し的に目的を達成する戦い。

ひと口に戦争と言っても、これら三つの種類に大別されるが、ロシアによるクリミア併合は、グレーゾーン事態（GRAY ZONE）のまま達成されたものだ。

経緯をごく簡単に説明しておこう。

クリミア併合が起きる前年、つまり二〇一三年秋の頃から、ロシアは隣国のウクライナに対し、政治的、経済的な圧力に加え、サイバー攻撃などを繰り返し、国境付近には「訓練」と称して大部隊を集結させる動きに出ていた。

これには、ウクライナの大統領が親ロシア派から親EU派に代わり、EUへの接近を図り始めたことが影響している。

ウクライナが政治的に揺れ動く中、国籍がわからない武装集団がクリミア半島に現れ、政府庁舎や空港など重要な拠点を次々と制圧する。

その後、ロシア軍も国境沿いに展開し、ウクライナ軍が何もできないまま、クリミア全体がロシアに占拠されてしまった、というのが大まかな流れだ。

この直後にクリミアでは、クリミアのロシアへの編入を問う住民投票が行われ、大多数がロシアへの編入に賛成票を投じたため、クリミアは合法的にロシアに編入されることになってしまったのである。

振り返ると、ロシアはまず、クリミアの親EU派と親ロシア派の対立に目をつけ、現地住民、ウクライナ治安部隊の元隊員、マフィアなどを駆使して情報戦や心理戦を仕掛けた。そのうえで、特殊部隊を潜入させ、正規軍の展開でにらみを利かせる一方、国際社会に向けては戦争であることを否定しながら介入を続けている。

当時、アメリカはオバマ政権であったが、バラク・オバマもEU諸国の首脳も、ロシアの行動を制御する間もなく、ロシアは「クリミアを手に入れる」という目的をまんまと達成したわけだ。

中国からすれば、ロシアのクリミア併合は、台湾に対してグレーゾーンから始める統一作戦、言い換えれば、全領域戦やハイブリッド戦のお手本になる。

習近平が、ロシアによるクリミア併合の経緯、併合したあと国際社会から受けた制裁の実態、そして併合した後のプーチン大統領の国内支持率などを詳細に把握したいと考えるのは当然だ。

こうした中、アメリカ・バイデン政権の大統領報道官、ジェン・サキは、二〇二一年四月一二日の記者会見で、ロシアが再び、ウクライナとの国境地帯やウクライナ南部クリミア半島で軍を増強させていることに触れ、「懸念する」とコメントした。

先に述べたように、バイデン政権もまた、中国が台湾統一や尖閣諸島占領に動く場合、クリミアのケースに倣う可能性があると見ているのだ。

その意味では、蔡政権や日本こそクリミア併合について学ばなければならない。台湾や尖閣諸島が「第二のクリミア」とならないよう、中国の強大な軍事力による「見える攻撃」だけでなく、サイバー攻撃など「見えない攻撃」にも備える必要がある。

アメリカのバイデン政権もまた、オバマ政権の轍を踏まないよう準備と対策が求められるのである。

アメリカ軍だけでは勝てない

発生すれば全領域戦になると予測される台湾有事。中国軍は、陸・海・空の三軍に加え、宇宙、サイバー、電子といった分野の技術力も駆使して揺さぶりをかけてくると想定される。それも短期決戦型で、である。

筆者の記憶に生々しいのは、二〇一八年一月三日、習近平が中国北部の河北省で、中部戦区の兵士を前に、「死を恐れてはならない」と訓示したことだ。

新華社通信によれば、習近平は、

「ハイテク兵器の研究を強化して『実戦訓練』を実施するよう促し、常に戦備を整え、必ず勝利できる臨戦態勢を取れ」

と語ったというのである。

翌日、この発言を知った筆者は、台湾有事がそう遠い将来のことではないと感じた。

そして、台湾を統一する行動に出る際には、様々な戦術を用いて短期で完遂させることを、中部戦区の兵士のみならず、中国軍全軍に向け意識づけしたのではないかと感じたものだ。

台湾有事に至るプロセスは先に述べたとおりだが、中国軍にとっては、台湾救援のために必ず出てくるアメリカ軍をいかにして撃退するかが鍵を握る。

その戦略が、先に述べたアクセス拒否「A2」とエリア拒否「AD」である。

つまりは、先に図で示した日本列島から南西諸島、そして台湾からフィリピンなどに至る第一列島線はもとより、日本列島から伊豆諸島、グアムやサイパンからパプアニューギニアへとつながる第二列島線内にアメリカ軍を入れない戦術だ。

そして、もし仮に、神奈川県の横須賀基地などを拠点にインド太平洋地域を担当海域としているアメリカ海軍第七艦隊が、空母「ロナルド・レーガン」とその艦載機を主力に第二列島線内に進出してきたとしても、台湾近海に近づけないよう叩く作戦である。

では、そうなった場合、アメリカ軍は中国軍を撃退し台湾を守れるのだろうか。

バイデンは、アメリカ大統領就任一〇〇日に合わせ行った連邦議会での演説で、

「我々は、競争は歓迎するが、衝突は望んでいない」

と述べたうえで、

「現代の危機に一国で対処できる国はない。アメリカは単独ではなく同盟国と協力して対処する」

と語り、日本にも秋波を送ってみせた。

台湾有事に至った場合、台湾軍では撃退できない。それは中国との戦力の差が雄弁に物語っている。それにアメリカ軍が加わったとしても勝てないのだ。

実際、アメリカ国防総省が発表した「中国の軍事力に関する年次報告書」(二〇二〇年版)は、中距離弾道ミサイルの数や海軍力に焦点を当て、中国軍と軍事衝突が起きた場合、アメリカ軍は勝てない可能性があるとしている。

二〇二〇年八月六日、アメリカの雑誌「ナショナル・インタレスト」のウェブサイトに論考を発表した元陸軍中佐、ダニエル・デイビスも、アメリカと中国が台湾をめぐって戦闘状態になった場合、アメリカは負けると予測する。

◆ダニエル・デイビスが予測する米中衝突

・中国は数日から数週間で台湾を占領できる。アメリカ軍に対しては宇宙からセンサーを攻撃し、通信ネットワークを破壊する。
・もし中国を撃退できたとしても莫大な戦費がかかる。台湾海域を常に警備する必要があり、防衛予算が膨れ上がる。

このように、アメリカが中国と戦火を交えれば、軍事的に打撃を受けるのに加え、巨額の経済的損失も被るというわけだ。

時事通信のウェブサイトでも、アメリカ軍筋の話として興味深い記事が掲載されたので紹介しておく。

二〇二五年時点での米中両軍の戦力比較によれば、西太平洋に展開する空母は米国の一隻に対して中国は三隻。多機能戦闘艦は米国一二隻、中国一〇八隻と予想される。紛争発生時にアラスカや米西海岸から部隊を増派しても、中国が軍事上の防衛線として設定する日本列島から台湾、フィリピンへと至る第一列島線到着まで二～三週間かかるため、地の利がある中国の数的優位を覆すのは困難だ。（時事ドットコム、二〇二一年三月二〇日）

中国の軍事力とハイテク技術は、数年のうちにアメリカを追い抜くレベルにある。その威力は、局地戦で、かつ短期決戦であればあるほど発揮しやすい。

「六年以内に中国が台湾に侵攻する」と予測したインド太平洋軍のデービッドソン司令官も、在任中、「通常戦力による抑止力は蝕まれつつある」と語っている。

【本音のコラム①】台湾を知れば世界がわかる

国際情勢を見る際、今もっともさまざまな要因が絡んでくるのが台湾である。逆に言えば、台湾を取り巻く動きを見れば国際情勢がわかるといっても過言ではない。

ドラマにたとえてみよう。台湾を主人公にすれば、アメリカ、中国、日本という準主役が必要になる。このほか、香港や韓国、北朝鮮、ＥＵ諸国といった名脇役も登場させなければならない。回想シーンではソ連まで必要だ。

ストーリー自体は、中国という巨大な国から圧力を受け続ける台湾を、台湾自身、そしてアメリカや日本がどう守るかという極めてシンプルなものだが、そこに各国の利害、思惑、そして日本のように憲法問題などが縦横に絡む。

言ってみれば、京都に現存する古民家「京町屋」のようなものだ。筆者は京都で大学院生活（博士後期課程）を送ったのでよく目にしてきたが、「京町屋」は入り口が狭いが奥行きがあり、中は案外広い。そして何より味わい深い。

台湾問題もまさに同じ。台湾を入り口にすると世界が見えてくる。権謀術数《けんぼうじゅっすう》の醍醐味も味わえる。手をつけ始めたらやめられない、それが台湾なのだ。

第二章　「不屈の意思」台湾・蔡英文総統

パイナップル禁輸騒動

二〇二一年四月二八日、憲法記念日を間近に控え、安倍晋三総理大臣(当時)が何か発信するのでは、と安倍のツイッターを開いてみて驚かされた。

そこには、台湾産パイナップルを右手で持ち上げ、笑みを浮かべる安倍本人の写真に添えて、「きょうのデザートはパイナップル。おいしそう」と投稿されている。

それに対し、蔡英文が、

「ぜひとも台湾パイナップルをご堪能ください。五個で足りなければ、気軽にお知らせください。いつでもお送りします」

と日本語でリツイートしていたのだ。

「えっ? なぜパイナップル? どうして安倍さんに?」

一瞬、そう思った筆者は調べてみて合点がいった。

中国は、国民党の馬英九総統時代から一〇年以上にわたり、台湾との間で自由貿易協定(FTA)に近い海峡両岸経済協力枠組み協定(ECFA)を結んできた。

JETRO(日本貿易振興機構)によれば、馬政権から蔡政権に代わっても輸出入は堅調で、台湾からの輸出で言えば、年間八〇〇億ドルから九〇〇億ドル台で推移し、輸入に関しても、年間五〇〇億ドル台と大きな変動は見られない。

そんな中、事件は起きた。

中国側が突如、害虫が検出されたことを理由に、二〇二一年三月一日以降、台湾産のパイナップルを全面的に輸入禁止としたのだ。

台湾から中国に輸出される農作物でもっとも多いのがパイナップルだ。台湾で生産されるパイナップルの約一〇％が中国向けで、それが禁輸となると台湾農家への影響は計り知れない。

そこで蔡英文は、日本などへの輸出を増やす対策を打ち出し、自らパイナップルを安倍に送りＰＲにひと役買ったのだ。この年、全国各地のスーパーに台湾産のパイナップルが並び、「特売品」や「広告の品」となったのはこのためである。

前年の総統選挙で圧勝して再選を果たし、台湾建国を祝う「双十節」では、「民主台湾、自信前行」（民主的な台湾は自信を持って前に進む）をスローガンに掲げてみせた蔡政権。

多くの支持を得て二期目に突入した自信もうかがえるスローガンだが、パイナップル事件は、単に害虫の問題とは言い難く、足元をすくわれかねない。

それは蔡英文がすぐさまフェイスブックで、「貿易上の問題だけではない」と述べた点からもうかがえる。

蔡英文は初当選以降、「新南向政策」を掲げ、中国依存から脱却し東南アジア諸国との貿易強化を目指してきた。

もともと台湾は、経済的な実利を優先して中国に近づくか、それとも統一されるリスクを避けるため遠ざけるかのジレンマにさいなまれてきた国だ。

そこへ蔡英文圧勝、そして米中貿易戦争や新型コロナウイルス感染拡大による中国経済の悪化などが重なり、台湾の中では、中国への依存度を見直そうという動きが拡がったのだ。

これは中国からすれば面白いことではない。

繰り返し述べているように、台湾有事は中国軍の上陸や艦砲射撃によって火ぶたが切られるわけではない。パイナップル禁輸のような小さな火種、些細な貿易紛争から発展する可能性だってあるのだ。

今後、パイナップル以外の農作物や工業製品にまで飛び火するようであれば、蔡英文は国内の農家や産業界から早期の対策を迫られることになる。

新型コロナウイルスワクチンの罠

新型コロナウイルスの感染再拡大も、蔡英文にとって悩ましい問題となった。

台湾の場合、二〇〇三年にSARSが流行したことを教訓に、中央感染症指揮センターという新組織や法的枠組みを整えていたこと、そして筆者も取材をしたことがあるが、三五歳の若さで大臣級のデジタル担当政務委員に就任した唐鳳（オードリー・タン）が旗振り役となってITを駆使し、「素早く」「公平に」「楽しく」を軸にコロナ対策を進めたことで早期封じ込めに成功した。

しかし日本同様に後手に回ったワクチン接種や国際線パイロットが持ち込んだ変異株の影響で、二〇二一年五月になって再び感染が拡大。蔡政権も飲食店などに入る人に電話番号などの登録を義務化するなど新たな対応を余儀なくされた。

気になるのは、この場面で中国が台湾を支援するため、中国製のワクチンを供給すると申し出たことだ。

台湾政策を担当する国務院事務弁公室の報道官は、台湾市民に向け次のように呼びかけている。

「多くの台湾の同胞は中国製ワクチンの使用を切望しているが、急ぐべきは政治的な障害を取り除くことだ」

これは中国が、独立志向が強く「一つの中国」を受け入れようとしない蔡英文を、感染再拡大で不安が拡がる台湾内部から揺さぶろうとしたものにほかならない。人の弱みにつけ込んだ火事場泥棒的行為であり、大国らしからぬ姑息な手段である。

国民党の洪秀柱元主席などはすぐさま中国の提案に同調し、

「今この瞬間、人命が危険にさらされている。蔡英文政府に謹んで言うが、真の敵はウイルスであり大陸ではない」

と受け入れを求めている。しかし、欧米からのワクチン輸入を妨害してきたのは中国である。台湾国民の間でも「中国産ワクチンはNO」とする声が上がった。

こうした中、日本政府は、早速、二〇二一年六月四日、台湾にアストラゼネカ製ワクチンを提供する動きに出た。アメリカも日本に続いた。

蔡英文は日本語の字幕つき動画で謝意を表し、プロ野球・北海道日本ハムでプレーする台湾出身の王柏融選手も、翌日、巨人戦でのヒーローインタビューで、ファンに向け、「ワクチン提供、本当にありがとう」と感謝の言葉を述べている。

このように、ワクチン確保という国際競争においても、中国という障害の大きさ、そして日本と台湾、アメリカと台湾との強い友好関係が見てとれるのである。

初の女性総統誕生

では、習近平には一歩も引かず、安倍にはパイナップルをプレゼントする蔡英文とはいかなる人物なのだろうか。

「皆さん、泣いてもいいのです。でも意気を失くしてはいけません。いつの日か私たちは戻ってきます」

二〇一二年一月一四日、国民党の現職、馬英九と台湾総統選挙を戦い敗れた蔡英文は、降りしきる雨の中、集まった支持者を前に、涙を見せるどころか柔らかな笑みを浮かべ、こう語った。

この敗戦が政治家・蔡英文を成長させる転機になったと筆者は見る。

少し脱線するが、筆者は、一九九二年のアメリカ大統領選挙以来、一貫して、ヒラリー・クリントンという政治家に注目してきた。

「不可能を可能にする、それが政治」

筆者の問いに、直接、こう答えてくれたヒラリーの政治姿勢に感化され、二〇〇〇年の連邦議会上院議員選挙では、ボランティアで陣営のスタッフに参加し、二〇一六年の大統領選挙でも、アメリカ初の女性大統領になる瞬間を見届けようと、対抗馬のトランプ以上に、ヒラリーの言動や陣営の動きに取材時間を割いた。

選挙当日は、TBSテレビ「報道特集」でキャスターを務める金平茂紀と、マンハッタンのホテルで、女性大統領誕生を予測したものだ。

記者仲間から「ヒラリーオタク」と呼ばれてきた筆者が、蔡英文という政治家にも関心を抱くようになったのは、この敗戦の弁を聞いた時が最初である。

感情的になることなく敗北を認め、馬英九に祝福のエールを送り、その一方で志は失わないと語る蔡英文に、政治家としての芯の強さを感じたからだ。

ヒラリーが破れなかった「ガラスの天井」（女性が政治のトップリーダーになるのを阻む見えない障壁）を、二度目の挑戦でこじ開けたのが蔡英文である。

蔡英文が勝利し、台湾初の女性総統に就任したのは、四年後の二〇一六年だ。

この年は、馬英九が、習近平と中台分断以来初となる歴史的な首脳会談を行った翌年に当たる。

関係改善への機運が高まる中、蔡英文は、中国からの独立志向が強い民進党を率い、馬英九の後継である朱立倫を破って台湾の歴史に新たな一頁を刻んだ。

蔡英文は一九五六年八月三一日、豪商の家庭に生まれた。

マイカーブームに乗り自動車修理業が好調だった父親は四回結婚していて、四人目の妻が蔡英文の母親だ。順番で言えば一一人兄弟姉妹の末っ子である。

裕福な家庭で育ったものの、広く社会を見せたいとする父親の考えに従い公立校に通い、大学も父親の勧めで台湾トップの名門、台湾大学の法学部へと進学した。

その後、アメリカのコーネル大学で修士号、イギリスのロンドン大学で博士号を取得し、帰国後は法学を教える大学教授に就任した。

やがて、その専門分野と語学力を見込まれ、国民党政権下にもかかわらず、公正取引委員会の委員や国家安全保障の担当者を務めることになる。

さらに、李登輝総統時代に発表された中台関係の新たな定義「二国論」（台湾と中国は特殊な国と国の関係とする論）の策定にも関わるようになった。

こうして蔡英文は、大学教授から公職を担う立場へと踏み出していくのだが、実質的な独立をうたった「二国論」は、蔡英文にとって、台湾統一を目論む習近平と対峙していくうえで大きなヒントになったはずだ。

「台湾はすでに国家として実質的に独立しているのだから、わざわざ独立を宣言する必要はない」

と考える論拠にもなっているのではないだろうか。

反中派ではなかった大学教授

メガネとボブカットが特徴的。そして少し前かがみの姿勢と穏やかな口調からは、彼女が巨大な中国を苛立たせている人物とは想像しにくい。

「蔡英文をひと言で言い表すなら『冷静沈着』。会議でそれほど自己主張をするわけではないのに全体の流れを作るような、そんなタイプ」

「中国との経済交流は大事にしていたので、以前から反中派だったとは思えない」

台北に住む商社勤務の知人はこう語る。

コロナ禍の中、彼女の演説は、YouTube 等で見るしか手段がなくなったが、その話し方は依然として冷静で、感情に任せて語るようなことはない。

二〇二〇年一月の総統選挙を前にした選挙戦、そしてそれ以降も、学者で大学教授出身者らしい「論理的だが面白くない」演説を目にすることがあったが、菅前総理大臣の「論理的でもなければ面白くもない」演説や記者会見とは異なる。

二〇二〇年五月二〇日、蔡英文は二期目の就任演説で、中国との関係について、

「共存の道を見出し、対立と相違の増大を防ぐ責任が両方にある」

と落ち着いた口調で語ってみせた。

蔡英文には、国民党支持者などから「女性」「独身」「子なし」などと揶揄されてきた過去がある。しかし、その都度、子育て政策や減税など実現させてきた政策を丁寧に説明することで批判を支持に変えている。

この冷静さが、就任演説における中国への言及にも表れていると感じるのだ。

少し歴史を振り返ってみよう。

中国と台湾の間には、「九二共識」なる合意が存在する。名前のとおり、一九九二年、中国と台湾の双方が「一つの中国」原則を堅持しつつ、その解釈はそれぞれ相手に委ねることで合意したとされるものだ。

中国はこれを「『一つの中国』を口頭で確認したもの」と解釈し、一方の台湾は、「『一つの中国』は堅持しつつ、その意味の解釈は各自で異なることを認めるもの」と位置づけたため、現在も論争の火種となっている。

国民党の馬政権は、「九二共識」をベースに中国との交流を図ろうとし、民進党の蔡政権は「その存在を認めない」という立場を取ってきたため、中国側の圧力が一層増したとの見方もある。

それでも立場が明快で、感情的になったりしない彼女への国民の支持は根強い。

蔡英文は、陳水扁政権下で中台関係の政策を受け持つ行政院大陸委員会の主任委員を務め、「小三通」と呼ばれる政策を実現させている。

中国と台湾の間では、「通商」「通航」「通郵」の「三通」を相互交流の柱と位置づけてきたが、台湾では、「不接触」「不談判」「不妥協」の「三不政策」が採られてきたため実現が難しい状況にあった。

蔡英文は行政院大陸委員会のトップとして、「三通」（部分的であるため「小三通」と呼ばれる）を解禁した。また、台湾企業による中国への投資も合法化することに成功した。「反中派ではない」と言われる所以である。

先に述べた就任演説でも、「中台双方の責任」を強調しているところに、筆者は彼女の賢明さを感じるのである。

新型コロナウイルスの感染拡大が国際的な問題となっていた二〇二〇年六月、台湾南部の都市、高雄で、蔡英文と総統の座を争った国民党の市長、韓国瑜が住民投票により圧倒的賛成多数で罷免《ひめん》されるという事態が発生した。

「韓国瑜は、市長でありながら総統選挙に出馬し市政をなおざりにした」

というのが罷免の理由だが、裏を返せば、蔡英文の冷静なコロナ封じ込めと中国に対する一貫した姿勢が、高い支持を得た証拠とも言えるだろう。

中国には屈しない「鉄の女」へ

民進党を率い、台湾総統として二期目を務めている蔡英文は、

「台湾の将来は台湾人が決めるべき」

という強い信念を持つ。彼女の著書には、不屈の意思を表現した一節がある。

私は自分に、何が起きようとも、冷静に理想を達成し、絶対に先延ばしにせず、しかし焦らないことを課しています。この私の政治信念はずっと変わりません。（邦訳版『蔡英文――新時代の台湾へ』より）

この言葉には、糸が何重にもからまったような国内外の難題に忍耐強く向き合い、一つ一つ、着実にほどいていこうとする「人間・蔡英文」の性格が表れている。

蔡英文は、先に述べた二〇一二年の総統選挙で敗れたとき、一度も泣かなかった。それをもって「鉄の女」と呼ぶ人もいるが、筆者はそうは思わない。

敗戦後、台湾の地方を歩き、インド、インドネシア、イスラエル、それにアメリカといった国々を自分の目で見て回ったことで得た、「これだ！」という思いが、中国の圧力に屈しない「鉄の女」を作り上げたのではないかと思うからだ。

台湾国内をつぶさに回りながら彼女が体感したのは、「ＩｏＴ」や「スマートグリッド（次世代通信網）」などイノベーションの重要性と、政治家として求心力がある人間になるために必要な条件である。言い換えるなら、「もの静かでクール」だけではだめで、ときに情熱的であるべきという思いである。

さらに、彼女を変えたのは、視野を変えて台湾を見ようと海外に出たことだ。とりわけイスラエル訪問では感じるものが大きかったようだ。

どちらの国も人口と国土はそれほど大きくなく自然資源も乏しい。しかも近くに強敵が存在する。イスラエルは曲者揃《くせもの》いのアラブ諸国、一方の台湾は台湾海峡を挟んで中国の強大な圧力と対峙しなければならない。蔡英文がイスラエルを「似たような境遇にある国」ととらえるのは自然なことだ。

「国は大きくなくても構わない。でも心意気は大きくなくてはならない」

「国が逆境にあるとき、意志と精神力によって、相手に侵略できないと思い知らせる必要があるときもある」

蔡英文は、イスラエル訪問で感じた思いをこのように綴っている。

また、二〇一二年の総統選挙前、そして総統選挙二度目の挑戦を前にした二〇一五年にアメリカを訪問したことも蔡英文を強くした。

特に、最初の総統選挙前に訪米した際、彼女は、

「蔡英文が台湾海峡の安定に関する憂慮を人々の間に引き起こしている」

というアメリカ政府高官による記事に驚かされたと述懐している。

この一件で、外交政策をアピールする努力が欠如していたと悟った蔡英文は、発信力の強化を図ることにしたのである。

中華圏からニュースを発信する場合、海外メディアの多くは北京や上海に支局を構える。台北に拠点を構えるところは少ない。「それならば」とインターネットや科学技術を駆使して台湾の声を世界に届けようと考えたのだ。

こうした努力がアメリカの疑念を払拭し、元国務副長官、リチャード・アーミテージらアメリカ外交を担ってきた人たちとの信頼関係に結びつくのである。

「鉄の女」と言えば、イギリスの故マーガレット・サッチャーやドイツのアンゲラ・メルケル、それにアメリカのヒラリー・クリントンらが想起されるが、「しなやかな強さ」を身につけた蔡英文もまた「鉄の女」と言えるのではないだろうか。

日本語でツイートする親日派

二〇二一年一月二三日、台北にある高さが五〇〇メートルを超える超高層ビル「台北101」に、「日台友情」「台日相伴」といった文字が次々と浮かび上がった。

現地の知人に聞けば、この催しは、日本台湾交流協会が、東日本大震災から一〇年、東京五輪まで半年となるのを機に主催したものだという。

これまで、台湾による日本への思いは、蔡英文自らが自身のツイッターに日本語で投稿することで表現してきた。

タレントの志村けんさんが新型コロナウイルスに感染し亡くなったときは、

「台湾人にたくさんの笑いと元気を届けてくれてありがとうございました」

台北の超高層ビルに日本との心の距離の近さを表現したときも、

「我々は世界に向けて、台湾と日本はいつまでも、固く結ばれている隣人だと伝えたい。いつまでも日本を応援しています！」

と動画付きで投稿している。

さらに、二〇二一年七月二三日、東京オリンピックが開幕した日にも、

「成功を心から祈念します。台湾の選手たちと主催国、日本に大きなエールを送りましょう！」

と、やはり日本語で呼びかけている。

就任当初、「対日重視」を打ち出しながら、韓国の従軍慰安婦問題では日本を公然と非難し、巡視船を尖閣諸島の魚釣島まで侵入させた馬英九政権とは、一八〇度対応が異なるのが今の蔡英文である。

蔡政権下でも、尖閣諸島近くの海域で、漁船の操業ルールをめぐる対立は生じたが、基

本姿勢は親日派を思わせるものだ。そうなれば、双方の国民感情も好転する。

台湾の駐日代表部に当たる台北駐日経済文化代表処が発表した日本人の台湾に対する意識調査で、日本人が台湾を好意的に見ていることが明らかになった。

◆台北駐日経済文化代表処「台湾に対する意識調査」(二〇二〇年一一月調査、二〇二一年一月発表)から抜粋
・アジアの国・地域の中で、あなたがもっとも親しみを感じるのはどこですか?
台湾四九・二% 韓国一七・一% シンガポール一三・一%
・あなたは、台湾は信頼できると考えますか?
非常に信頼できる一七・〇% 信頼できる五〇・六%

また、リクルートライフスタイルの調査研究機関「エイビーロード・リサーチ・センター」がまとめた海外旅行先に関する意識調査(二〇一八年)でも、人気第一位は五年連続で台湾(一六・三%)だ。この割合はハワイをしのぐ。

一方、台湾人の日本に対する印象も良い。

日本台湾交流協会が発表した「対日世論調査」(二〇一九年二月)では、日本をもっとも

好きな国と答えた人の割合が五九％に上った。ちなみに中国をもっとも好きな国に挙げた人は八％にすぎない。

こうしてみると、日台関係は恋愛にたとえるなら相思相愛の関係だ。それは総じて好ましいことなのだが、安全保障となると日本の立ち位置は難しくなる。それでも、二〇二一年四月二二日、防衛大臣、岸信夫はこう明言した。

「中国は目立たない所で一歩ずつ侵略し、最終的には全部変わっている状況を作ろうとしている。そうしたことは許さない」

この日、岸は、台湾とは一〇〇キロほどしか離れていない沖縄県の与那国島を視察し、台湾の重要性にも触れ、寄り添う姿勢を見せた。

さすがに蔡英文も「岸大臣ありがとう」とは投稿していないが、その言葉は頼もしく響いたに違いない。詳しくは第六章で述べるが、日本が親日派の蔡英文率いる台湾に寄り添えば寄り添うほど問われてくるのが「国としての覚悟」である。

台湾は「化外の地」

ここで台湾とはどのような国か、ごく簡単に触れておきたい。台湾史の授業だと思い、少しの間、おつき合いいただきたい。

台湾は中国の東方にある島で、人口は約二三六〇万人。中国本土とは台湾海峡を挟んで二〇〇キロほどしか離れておらず、日本とも最南端の与那国島との距離は一〇八キロしかない。航空機で成田―桃園（台北）間は三時間半の距離だ。

台湾は、もともと中国本土とは別の文化圏を形成していた。先住民はオーストロネシア語族で漢民族ではない。

中国（明や清）からすれば、台湾は中華文明の教化の及ばない「化外《けがい》の地」で、先住民は「化外の民」とされ、中国は長らくその領有に関心を示すことはなかった。

台湾を発見し、「美麗島《びれいとう》」と名づけたのはポルトガル人である。後にオランダやスペインが一時的に支配したことはあるが、大陸を支配していた明や清が台湾の領有に意欲を示した事実は見当たらない。

変化が生じたのは、一七世紀後半、当時の清に対し「反清復明」を掲げて蜂起した明の遺臣、鄭成功が、台湾を支配するオランダの拠点を攻撃して以降である。

その後、台湾は二二年間、鄭一族に支配されるが、清の康熙帝が鄭一族を倒すとその支配下に入り、一八九四年、日清戦争で日本が清に勝利すると、翌年調印された下関条約（日清講和条約）によって日本領となり、一九四五年、日本が第二次世界大戦・太平洋戦争で敗れるまでの五〇年間、日本による統治が続いた。

一九五一年九月、日本は、第二次世界大戦と太平洋戦争で勝利したアメリカなど連合国諸国と結んだサンフランシスコ平和条約で、台湾における主権を放棄した。

そして、翌年、日本と中華民国との間で締結された日華平和条約に、

「台湾及び澎湖諸島ならびに新南群島及び西沙群島における日本のすべての権利、権原及び請求権の放棄」(第二条)

と明記されたことで、台湾は完全に日本の手から離れることになった。

日本が統治していた時代、台湾には総督府が置かれ、第四代総督、児玉源太郎と民政長官、後藤新平のもと、土地改革や産業の育成、学校教育の普及といった社会資本の整備が急ピッチで進められていった。

今でも、台北や花蓮など主な都市を訪れ、高齢者と話をすると、日本語が通じることがあるのは、その名残りである。

一方、中国では、この間、辛亥革命によって清が滅亡し、一九一二年、共和制国家、中華民国が誕生した。

一九四五年九月二日、第二次世界大戦の終結を意味するポツダム宣言調印によって戦勝国となった中華民国では、敵対関係にあった中国国民党(国民政府)と中国共産党との間で「国共内戦」と呼ばれる戦いが勃発した。

この内戦で、毛沢東率いる共産党軍が、蔣介石率いる国民党軍を圧倒して首都南京を制圧、これを受けて蔣介石は台湾へと逃れ、台北を国民党政権の首都とした。

一九四九年一〇月一日、毛沢東は北京で中華人民共和国（中国）の建国を発表。敗れた蔣介石は台湾を中華民国として戒厳令を布いて統治した。

しかし、台湾に誕生した中華民国は、一九七一年、国連決議により、「中華人民共和国政府の代表が国連における中国の唯一の合法的な代表」と認定されたことで国連代表権を失う。国連からも脱退することになった。

このため、台湾は現在も国際社会で独立した主権国家とは認められていない。

日本と台湾は、一九七二年、田中角栄と周恩来との間で合意した日中国交正常化以降、正式な国交はない。その際、発表された日中共同声明には、「日本国政府は、中華人民共和国政府が中国の唯一の合法政府であることを承認する」と明記されている。

アメリカも、一九七九年に当時のアメリカ大統領、ジミー・カーターが中国（中華人民共和国）と国交樹立を決定して以降、台湾と国交は結んでいない。

その一方で、中国が台湾について「領土の不可分の一部である」と明言するほど、台湾が中国のものであるとする国際法上の根拠もないのが現状である。

そのため、筆者はニュース原稿を書く場合など、台湾をどう位置づけるか、一瞬迷うことがある。

「今大会には、三〇の国と地域から選手団が参加しています」

台湾が、北朝鮮やパレスチナと同様に、ニュース等において「地域」と表現されるのは、台湾の国際社会における地位が定まっていないためだ。

「領土・国民・主権」という国家の三要素が存在し、国旗や国歌、憲法まであるにもかかわらず、中国に配慮し台湾を「地域」などと表現するのはニュース原稿を書く身として大変遺憾で、本書ではあえて「国」と表現している。

しかし、日台両国は、政党幹部らが往来し友好関係を維持してきた。アメリカも台湾関係法で軍事同盟を結び、台湾旅行法で高級官僚級の訪台を促進している。

今や、北朝鮮を想定した日米韓の同盟関係以上に、日米台の結束のほうが強固と感じるのは、それだけ念頭にある中国の脅威が大きいからと言えるだろう。

冷戦期の両岸関係

中華人民共和国の成立と中華民国の台湾遷都によって、中国には事実上、二つの政権が併存する事態となり現在に至っている。

こうした事態を長らく生じさせてきたのは、中国の毛沢東とソ連のスターリンを後ろ盾に、北朝鮮の金日成が韓国に侵略戦争を仕掛けたことで勃発した朝鮮戦争、そしてアメリカとソ連を対立軸とした世界的な冷戦構造の長期化によるところが大きい。

朝鮮戦争は大国の介入を招き泥沼化した。二つに分断されたままの朝鮮半島問題は、今もなお大国の関与という外的要因で翻弄され続けている。それは台湾問題も同じである。

ここで冷戦期以降の中台関係、いわゆる両岸関係を概観しておく。

一九七九年一月、中国がアメリカとの国交を樹立すると、中国の当時の最高指導者、鄧小平は、国家的な目標として「台湾の復帰による祖国統一の実現」を掲げ、「三通四流」(通航・通商・通郵、学術・文化・体育・科学技術での交流促進)を呼びかけた。

一方、蔣介石の跡を継ぎ、台湾の総統となった蔣経国はこれに応じず、中国とは接触しない、交渉しない、妥協しないという徹底した「三不政策」をとってきた。

しかし、同時に政治改革も進め、一九八七年七月、三九年間に及んだ戒厳令を解除し、集会結社の自由や新聞発行の自由などを認め、大陸訪問も解禁した。

さらに転機が訪れたのは、蔣経国が死去し李登輝が総統に就任した一九八八年以降である。

李登輝は「三不政策」の転換を図り、中国との関係を一元的に取り仕切る「国家統一委員会」を立ち上げた。この年、中国側も、国務院の傘下に台湾との対話や交渉を行うための部署「台湾事務弁公室」を設けている。

三年後には、台湾に「海峡交流基金会」、中国には「海峡両岸関係協会」が設立され、民間という形ではあったが、中台双方の接触が本格化した。

しかし、李登輝が台湾のAPEC（アジア太平洋経済協力会議）などへの加盟を果たし、国連への復帰も模索するようになると事態は一変する。

中国は、台湾を孤立させる外交工作を進め、中国と国交を回復した韓国やシンガポールなどが相次いで台湾との国交を断絶した。

一九九五年六月、李登輝がアメリカ訪問を果たし、かつて留学していたコーネル大学で「台湾に存在する中華民国」をアピールすると、中国は李登輝に対するネガティブキャンペーンを展開し大規模な軍事演習も行って威嚇した。

さらに中国は、一九九八年六月、当時のアメリカ大統領、ビル・クリントンから台湾の独立や国連への加盟に「NO」の答えを引き出すことに成功し、「台湾は中国領土の一部」との立ち位置を強固にしていったのである。

これに対し、李登輝が蔡英文らとともにまとめたのが、先に述べた「台湾と中国は特殊な国と国の関係」とする「二国論」である。

李登輝時代のあと、台湾は民進党の陳水扁政権、そして国民党の馬英九政権と代わり、現在の民進党・蔡英文政権に至っている。

親中派と言われた馬政権下では、両岸の対話が再開され、二〇一五年一一月七日には、中台分断以降初の首脳会談も実現したが、蔡政権に代わり、台湾は対話の中断、外交関係を持つ国々への切り崩し工作に直面することとなった。

蔡政権下では、パナマやドミニカなどが相次いで台湾との国交を断絶し、現在、台湾と国交がある国は、バチカンやツバルなど一五の国しかない。

この一点だけを見ても、中国の高い外交力とその狡猾《こうかつ》さを見る思いがする。

半導体王国

一九四五年から四〇年あまり続いた冷戦時代、特に一九六〇年代は、加工貿易が台湾経済の発展を後押しした。

国交はないものの、日本やアメリカの企業が台湾に工場を建設し、台湾でも各地域に輸出加工区が整備され、いわゆる起業ブームも起きた。

一九八〇年代になると、「新竹サイエンスパーク」と名づけられたハイテク工業団地が整備され、台湾経済のけん引役はＩＴ産業へと転換していく。

この頃はまだ、カバン製造業など従来型の産業も盛んではあったが、国連代表権を失い、日本やアメリカとも国交が断絶となる中、台湾が国際社会における存在感を示そうと国を挙げて推し進めたのがハイテク産業の育成であった。

これが、ノートパソコンや半導体の出荷量で世界一という今の台湾を作った。

経済成長が続けば、人件費や地価が高騰し、生産拠点をコストが安い海外に求めることになるのは日本も台湾も同じだが、生産基盤を海外に移したことで台湾企業の事業はさらに安定し、世界一の地位は揺らいでいない。

二〇二〇年以降、世界に拡大した新型コロナウイルスは、各国でテレワークや巣ごもりによるパソコン需要を生み、華碩電脳（ＡＳＵＳ）と宏碁（エイサー）の台湾二社は、二〇二一年の出荷台数目標を、前年比で三割から四割引き上げている。

その反面、世界的に不足したのが半導体だ。

コロナ禍でパソコンやスマートフォンの需要が堅調なのに加え、自動車や大型テレビ販売の回復なども加わって、半導体争奪戦が生じたことは記憶に新しい。

しかし、この半導体分野でも、台湾は全世界の生産能力の二割以上を占め、二位の韓国や三位の日本、それに四位の中国を抑えて堂々の首位だ。

台湾積体電路製造（ＴＳＭＣ）は、時価総額でインテルやサムスンを上回る企業にまで成長している。

そうなると半導体王国、台湾への注目度や国際的な地位は俄然高まる。これまで中国企業と取引をしてきた日米欧の企業も、自由で民主的な体制が維持されている台湾の企業に信頼を寄せる。もちろん中国も台湾企業に目をつける。

「台湾には革新的で創意にあふれた、人にやさしい産業環境が整っている」

とは、蔡英文が著書の中で述べている言葉だが、そんな台湾を中国から守り、さらに発展させていくことも、彼女に課せられた大きな使命なのである。

「ひまわり学生運動」と蔡英文

「あのひとときを永遠に忘れない」

馬英九政権時代の二〇一四年三月一八日、蔡英文の脳裏に今なお焼きついて離れない出来事が発生した。

台湾の学生が立法院（国会）に侵入し占拠したのである。

その半年後、香港で学生たちが中国に対して民主化を叫び蜂起した「雨傘運動」に多大な影響を及ぼすことになるこの出来事は、台湾の将来が太陽のように明るい方向を向くという意味を込めて、シンボルにひまわりが使われたことから、「ひまわり学生運動」と呼ばれるようになった。

当時、親中政策を進めていた馬政権は、中国と「海峡両岸経済協力枠組み協定」の交渉を加速化させ、中国との自由貿易の拡大、中国からの資本や旅行客などの受け入れを盛り込んだ「サービス貿易協定」の批准を強行しようとしていた。

これだけを聞けば、台湾経済にとって有益な話とも受け取れるが、貿易による利益は特定の団体が独占し、台湾の産業や農業には何一つケアがなかったため、学生たちが「中国側だけにメリットがある不平等条約だ」と立ち上がったのである。

「ひまわり学生運動」は、強きを助け弱きをくじく馬政権の、あまりに偏向した中国寄りの政治姿勢に、学生たち自らが情報を集め、考え、そして行動するという新たな形の市民運動となった。

台湾国立政治大学中山研究所で客員研究員を務めた東京外国語大学教授、小笠原欣幸は自身のホームページで、三週間あまりに及んだ占拠を、

「近年の台湾アイデンティティーの興隆を象徴する出来事」

と評した。また、小笠原は、立法院院長に「協定の審議はしない」と約束させたこと、他国のデモとは異なり流血の惨事に至らなかった点に触れ、

「世界の学生運動を見まわしてみても、これほどの成功をおさめた事例はない。まさに奇

跡である」

と綴っている。

香港に関しては次章で述べるが、「雨傘運動」も「ひまわり学生運動」も、もとを辿れば中国の強権的な手法への抵抗によるものだ。

「今日の香港は明日の台湾」

野党主導による社会運動ではなく、外から政治を変えようとする学生たちの姿は、蔡英文にとって心の羅針盤となったに相違ない。

台湾は独立するか

前述したように、台湾有事が起きるとすれば、中国による仕掛けが引き金になる。

中国がいつどのタイミングで仕掛けるのかがポイントになるが、台湾が独立への動きを見せた場合、ほぼ間違いなく中国は動く。

中国からすれば、台湾の独立は国内問題だからである。

では、国際法上の地位が曖昧で、中国から様々な圧力を受け続けている台湾が独立の動きを見せる可能性はあるのだろうか。

現状を見る限り、その可能性は極めて低い。

台湾民衆の国家選択に関する調査（2000～2018年）

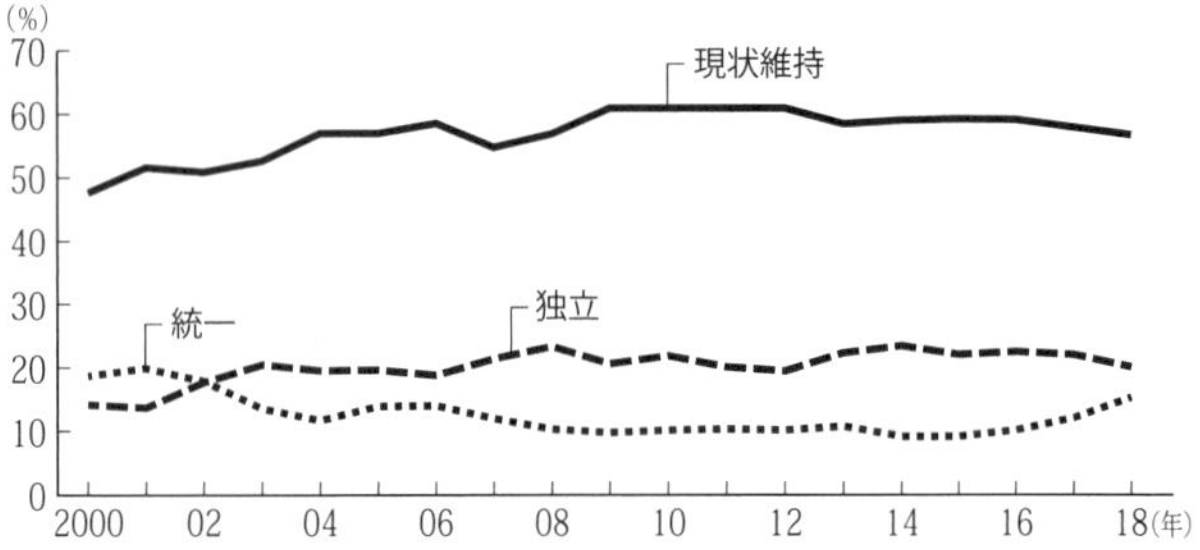

出典：国立政治大学選挙研究センターHP

蔡英文の著書には、次のような記述がある。

両岸政策は政党の主張を超えたものであるべきで、さまざまな異なる意見を入れなければならない。リーダーが政策を決める時、社会の共通認識を考えるべきだ。台湾内部の広い共通認識は、現状維持である。

この言葉には、中国の動きを警戒しながらも、国内世論、そしてこれまで積み上げてきた中国との経済的なつながりを重視する姿勢が表れている。その姿勢は「現状維持」である。

上の図は、台湾の政治大学選挙研究センターが実施した世論調査である。

多少の増減はあるものの、二〇〇〇年、台湾初の政権交代以降、国内では「現状維持」を望む声が圧倒的に多いのだ。

台湾の総統は、李登輝（国民党）→陳水扁（民進党）→馬英九（国民党）→蔡英文（民進党）と代わった。統一地方選挙も含め全国規模の選挙では、その都度、二大政党のイメージカラー、国民党（親中派）の「青」と、民進党（独立派）の「緑」に色分けされて語られることが多い。

この色分けは、筆者のようなマスメディアの人間にとっては、視聴者や聴取者に対立の構図をざっくり伝えるうえで大変便利なものだ。

しかし、生まれたときから中国と台湾は別個の存在として育ってきた若い世代（前述した「天然独」と呼ばれる若者層）にとっては、今さら統一も独立もない。

中国に不信感を持ち、中国の武力による示威行動や香港に対して見せた「一国二制度」を踏みにじる悪行に声は上げたとしても、自由で民主的で、そこそこ豊かという現状は維持したいのだ。

もちろん、「台湾アイデンティティー」は強く、東京オリンピック招致が決まって以降、日台双方で、

「『チャイニーズタイペイ』ではなく、『台湾』の名前で出場しよう」

という動きが起きたりもした。

二〇二一年七月二三日に行われた東京オリンピックの開会式では、各国の選手団が入場行進する際、中継を担当したNHKの和久田麻由子アナウンサーが、「次は台湾です！」と紹介し、台湾人やその関係者が歓喜する出来事も起きている。

筆者からすれば、「チャイニーズタイペイ」という呼称を国際舞台で使わせること自体、「台湾は中国の領土の不可分の一部」とする中国の宣伝工作だと思うのだが、だからといって、台湾国内に、国家として独立を果たそうという機運は醸成されていない。また、アメリカや日本もそれを望んではいない。

むしろ、若い世代の間では、総統選挙や「九合一選挙」と呼ばれる九つのレベルの首長や議員を一気に選ぶ統一地方選挙の度に、街が「青」と「緑」の二色に塗り分けられ、国民党と民進党が、

「統一か？　それとも独立か？」

などと、日々の暮らしには直結しない大きすぎる争点で戦うことに不信感が拡がっているように見える。

蔡英文は、このことをよく理解している。

「政治なんて、全部嘘だ！」

といった若者たちの声を聞いてきただけに、蔡政権主導で独立に向けて動くことは考え

られない。

「中国の圧力に屈しはしない」

これが、蔡英文が演説などで見せる「不屈の意思」だが、もう一つ、蔡英文には内に秘めた強い意思があるように思えるのだ。

それは「台湾を一つにする」という思いである。

若者と語らい、町工場や農場を見て回り、生命力を感じ取ってきた蔡英文であれば、台湾を一つにまとめ、新しい台湾を作ることは十分可能だと期待している。

ただ、ここで問題となるのが、蔡英文ではどうしようもできない事態に至るリスクがあるということだ。次章では、習近平と中国について述べていく。

【本音のコラム②】海外支局はないけれど……

筆者が勤務する在京ラジオ局の泣き所は、海外に支局を持たないことだ。

世界に四〇を超える支局を持つ共同通信などは別格としても、ＮＨＫは世界に三一もの支局があり、テレビ朝日は一二、日本テレビは一一と、在京キー局と呼ばれるテレビ局は、主な都市、一〇か所程度に支局を構えている。

ワシントン支局を例に挙げれば、ＮＨＫは記者六人体制なのに対し、民放テレビ各局は二人と差はあるのだが、それすらないラジオ局の場合、現地に住む元記者とか学者を探し出し、場合によっては旅行先で出会った日本人留学生などにも声をかけ、現地の情報を伝えてもらっている。

しばしば、アメリカ大統領選挙などの際、コメンテーターでテレビに登場する早稲田大学の中林美恵子教授にも、彼女が上院予算委員会のスタッフ時代、「一分二〇秒でワシントンからレポお願い！」と発注していた時期がある。

注目の選挙や大事件があれば、現地に記者を派遣することもあるが、不景気で予算が乏しくなったり、コロナ禍で出張もままならなくなったりした際は、「現地にいる日本人」を探し出し、無茶ぶりをしているのが現状だ。

第三章

「非民主」中国・習近平国家主席

習近平という人物

「私は習近平国家主席を前から知っている。彼とは通訳だけを介して何時間も話した。非常に率直なやりとりだった。彼には民主主義のかけらもない」

これは、第四六代アメリカ大統領、ジョー・バイデンが就任後初めてとなる本格的な記者会見で語った言葉である。二〇二一年三月二五日のことだ。のちにロシアのプーチン大統領を「賢明でタフ」と評したのとは大きな違いがある。

筆者は、その日の全国ネット番組のデスクおよび解説担当として、バイデンの言葉を頭の中で翻訳しながら、「習近平への挑戦状」と受け止めた。

「衝突は望んでいないが厳しい競争になる。中国は国際社会のルールにのっとり公平な競争や貿易をしなければならない」

このように語ったバイデンは、会見の中で、中国との関係を「民主主義と専制主義の闘い」と位置づけた。

では、北朝鮮やイランのトップならいざ知らず、就任して間もないアメリカ大統領から悪罵される習近平とはいかなる人物なのだろうか。

習近平は、一九五三年六月一五日、中国のほぼ中央、歴史的観光都市、西安で知られる陝西省で生まれた。父親は毛沢東の「国共内戦」の同志、習仲勲で、国務院副総理まで務めた人物である。

習近平は、中国共産党最高幹部の子弟で、「太子党」と呼ばれ、世襲的に受け継いだ特権と人脈をもとに、中国の政財界や社交界に大きな影響力を持つことが約束された人物ということになる。

しかし、北京の名門小学校に通っていた頃、父親が毛沢東から批判され、文化大革命（毛沢東主導による政治闘争）が終わるまで拘束される事態に直面する。

習近平は通っていた中学が閉鎖されると独学で学び、毛沢東の指導によって行われた青少年の地方での徴農（下放）によって陝西省延安市郊外の農村に移り住むと、そこで洞窟を住居とし、堆肥を運び、監督者である農夫の命令にきちんと従う生活を過ごしたという。

レーガン政権からオバマ政権まで国防長官の顧問を務めたアメリカの政治学者、グレアム・アリソンの著書には、習近平の若い頃について、次のような記述がある。

習の長年の友人がアメリカの外交官に語ったところによると、習は「赤より赤くなって生き延びることを選んだ」。そして、やれることは何でもして、再びトップに這い上がることを決意した。習は、なにより粘り強かった。（邦訳版『米中戦争前夜』よ

り）

のちに中国共産党の総書記となり国家主席として最高指導者の地位を手に入れることになる習近平は、一〇回目の挑戦で中国共産党に入党を認められ、名門・清華大学を卒業したあとは再び地方に赴き、役人として社会人生活をスタートさせた。

二〇〇二年、浙江省の党委員会書記に就任すると、輸出を飛躍的に増やして同省の高い経済成長を実現させた。

二〇〇七年には、上海市汚職事件の収拾を急ぐ当時の国家主席、胡錦濤に見出されて上海市党委員会書記や、九人（現在は七人）しかいない中国共産党の最高幹部、政治局常務委員に抜擢され、翌年の全人代では国家副主席にまで昇進した。

グレアム・アリソンは、その昇進ぶりをこう語っている。

習は野心的だが控えめで、党の階段を上がる間もひたすら謙虚な姿勢を保ち、最有力候補と目されていた李克強をわずかに抜き、胡の後継者の座を確実にした。（同）

筆者は仕事柄、訪中した国会議員や全国紙の北京支局の記者から話を聞くことが多いが、彼らの言葉から見えてくる習近平像は、目立つことを好まず、その実、優れた手腕を発揮して上を目指す、したたかで計算された戦略家である。

二〇一二年一一月、習近平が中国共産党総書記に選出された当初は、「これといって目立つ特徴がないのが最大の特徴」と言われた胡錦濤と同様、政治局常務委員を代表する人物にすぎないと目されていた。

「苦労人だし、胡錦濤よりはリーダーシップがありそう」

とみられている程度であった。

ただ、習近平の再婚相手で中国では有名な歌手の一人、彭麗媛は、習近平と出会った際、見た目とは違い、話すと印象が変わったという。

元中国大使の宮本雄二も、著書『習近平の中国』で、

「饒舌でなく人の意見を聞く方。胆力を感じる。江沢民や胡錦濤よりも『中国流の大人《たいじん》』」

という印象を受けたと語っている。

これらの印象は、数年のうちに見事に的中することになる。

神格化された習近平

現在、習近平は三つのポストを兼ねている。

◆習近平が兼務している三つのポスト
・中国共産党中央委員会総書記＝中国共産党のトップ
・国家主席＝中華人民共和国のトップ
・中央軍事委員会主席＝人民解放軍のトップ

職場に置き換えると、会長と社長を兼務し、さらに筆頭株主や現場の総責任者まで兼ねているようなものだ。

この中でもっとも「偉い」のが中国共産党中央委員会総書記というポストだ。

中国共産党は、資本と権力の所有者である。中国では政府が中国共産党の指導や支持を受ける立場だ。

次頁の図は習近平が総書記に就任して以降の中国共産党の組織図だ。

中国の国家主席は、対外的には国家を代表するトップ（元首）の地位である。

ただ、過去には最高指導者ではない人物が主席を務めた例がある。文化大革命の時代には、国家主席のポストが廃止された時期もある。

三つ目の中央軍事委員会主席のポストも軍を統括するうえで重要なポストである。本書で中国軍と略してお伝えしている人民解放軍は中国共産党の軍隊で、党が軍を指揮する構図となっている。つまり党が上で、軍はその下部組織である。

　近年の総書記（江沢民、胡錦濤、習近平）は、これら三つのポストを兼任している。

　中国では、一四億人を超える人民を党が指導し、監視カメラや公安警察、それにSNSやインターネットなどで個人情報を追跡して取り締まるなど反抗を抑止している。

中国共産党の組織

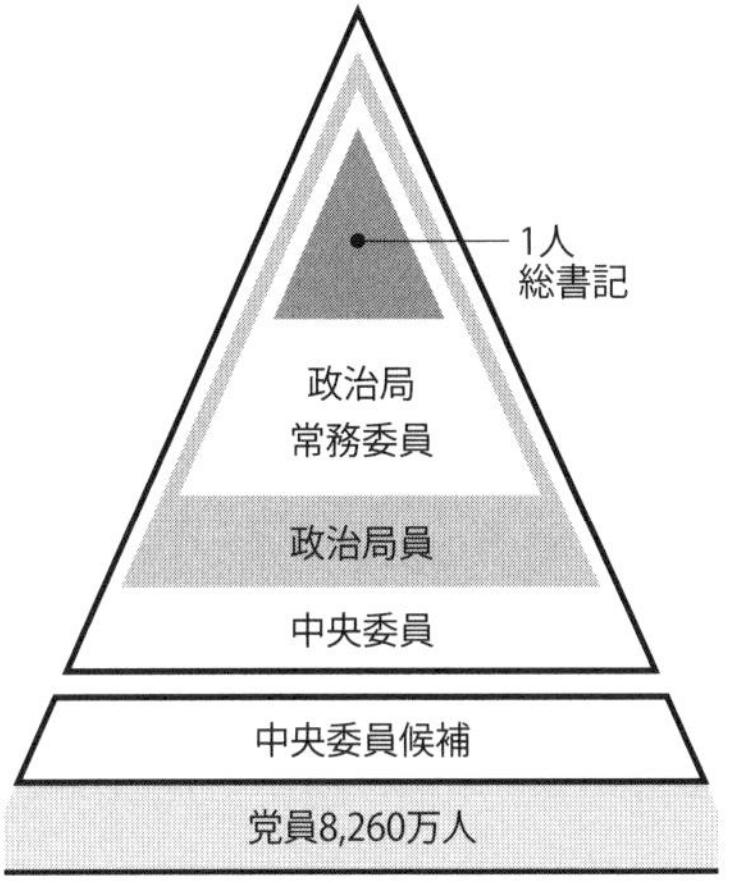

出典：朝日新聞デジタル（2012年11月15日）

　その頂点に君臨するのが習近平であり、同時に、国家元首、軍の総指揮者としての権力を持つのも習近平である。

　習近平は、総書記就任から二年と経たない二〇一四年六月一三日、「中央財経領導小組」の会議を招集した。

　この小組（チーム）は中国の経済財政運営を統括する組織で、トップには習近平、二番目の地位には李克強が就任した。

　これは、本来であれば国務院総理である李克強がやるべき仕事を、習近平の直属にしてしまったことを意味する。経済分野でも権力を掌握した瞬間であった。

二〇一七年一〇月一八日、北京の人民大会堂で開幕した中国共産党大会で、習近平は、全国から集まった約二三〇〇人の地区代表が「偉大なる習近平総書記」を連呼する中、演説し、「強国」となることを宣言した。

「中華民族の偉大なる復興という中国の夢を実現するため、たゆまず奮闘するのだ。中国の夢、強軍の夢を目指すのだ」

この党大会で、習近平は慣例を破り、次世代の後継者を選ばなかった。

そして、翌年の二〇一八年三月一一日、全人代で、習近平思想を明記し、それまで「二期一〇年」としてきた国家主席の任期制限撤廃、そして反逆者を処罰できる国家監察委員会設置まで盛り込んだ憲法改正案が可決された。

当時、筆者は日々のニュース解説で「安倍一強。党内外に敵なし」などと伝えていたが、習近平への権力一極集中とその祭り上げられ方は安倍の比ではない。

「総書記の励ましのおかげでトマトが豊作になって嬉しい」

国営中国中央電視台が映し出すインタビューに、このような農民の声まで紹介されるというのは、習近平を神格化したのに等しい。

第一章でも述べたように、習近平の名を冠した思想は、前の年の党大会で、五五条からなる党の規約にも盛り込まれていたが、歴代指導者の中で、個人の指導理念が党規約と憲法の両方に刻まれるのは、毛沢東、鄧小平に次いで三人目である。

習近平にとって次の目標は、最高指導部人事を決める二〇二二年秋の党大会で総書記三期目を確実にしたうえで、国家主席の地位と合わせ最高権力者として実権を握り続けることだ。

また、「党主席制」を復活させ、政治局常務委員の数を減らして権力をさらに集中させることだ。

その先に、「中国の夢」を実現させるため、台湾を、そして沖縄県の尖閣諸島を手に入れるべく、具体的な行動に出るように思えてならないのである。

台湾海峡危機での敗北

習近平が力ずくででも台湾統一や尖閣諸島奪取に動くと思う根拠はいくつもある。

ひとつは、第一章でも触れたが、二〇一九年一月二日、習近平が「台湾同胞に告げる書」四〇周年記念式典で、「武力行使を放棄しない」と述べた点だ。

歴代の最高指導者を見ると、「台湾同胞に告げる書」を発表した鄧小平は、台湾政策を武力解放から平和統一へ転換する姿勢を明確にした。

「江八点」と呼ばれる八項目からなる台湾政策を発表した江沢民も、武力をちらつかせながら、統一のための交渉は台湾当局との間で進める考えを示している。

また、「胡六点」と呼ばれる台湾政策を発表した胡錦濤も、二〇〇九年の「台湾同胞に告げる書」三〇周年に際し、

「手を携え両岸の和平発展を推し進め、中華民族の偉大な復興を実現しよう」

などと台湾に歩み寄る姿勢を見せている。

しかし、習近平は違う。

「台湾問題の解決と祖国の完全統一実現は党の歴史的任務だ」

二〇二一年七月一日、中国共産党創立一〇〇年の式典で、このように述べ、

「偉そうな態度の説教は受けない。中国をいじめるなら鋼鉄の万里の長城に頭をぶつけ、血を流すことになるだろう」

と、アメリカの動きをけん制した。振り返れば、彼の発言は全くぶれていない。

「常に戦備を整え、必ず勝利できる臨戦態勢を取れ」(二〇一八年一月三日)

「もし、重大な状況が生起したら、必ずや正面から痛烈に打撃する」(二〇二〇年一〇月二三日)

習近平が長期政権を目指す最大の理由は、歴代の指導者にはできなかった民族と国家の

統一、つまり「台湾統一」を実現するためだ。過去の発言を見ると、「自分の代で何としてでも成し遂げる」という執念を改めて感じるのである。

もうひとつは、習近平がアメリカの強さから学んだと推察できる点だ。

歴史を振り返れば、アメリカと中国の軍事的な緊張は過去に三回ある。台湾海峡危機と呼ばれるもので、第一次が一九五四年から一九五五年にかけて。そして第二次が一九五八年。さらに第三次が、中国が台湾総統選挙に軍事的圧力をかけた一九九五年から一九九六年にかけてである。

これらはいずれもアメリカの介入で、中国側が手を引く形で決着した。なかでも第三次台湾海峡危機は、中国軍が演習だとして台湾をミサイル発射で威嚇したものの、アメリカの空母攻撃群に蹴散らされ終結している。

この敗北は、まだ四〇代前半で、台湾とは目と鼻の先の福建省で要職に就いていた習近平にとって衝撃だったに相違ない。

ときを経て、五九歳で国家主席に就任した習近平が、「中華民族の偉大なる復興」を掲げ、その後も演説などで「富強」「強国」「強軍」を掲げるのは、アメリカに対抗できる外交力と軍事力を備えなければ、台湾は永久に中国のものにはならないと悟ったからではないかと思うのである。

筆者は先に、中国には節目となる「三つの一〇〇周年」があると述べた。おさらいするが、二〇二一年の中国共産党創立一〇〇周年、二〇二七年の中国軍建軍一〇〇周年、そして二〇四九年の中華人民共和国建国一〇〇周年である。

さらに節目を加えるなら二〇三五年であろう。

この年は、中国でガソリン車が環境対応車に切り替わる年であるのと同時に、インド太平洋地域で中国軍の戦力がアメリカ軍に追いつく年とされる。

ただ、この年まで待つと、習近平は毛沢東が没した年齢と同じ八二歳になる。だからこそ習近平は、「世界一の軍隊」を作る速度を早めているのだと推察している。

経済成長で他国を支配できる国へ

中国が増強させてきたのは軍事力だけではない。習近平が掲げる「中華民族の偉大なる復興」の実現に向け、着々と経済力を蓄え、その経済力を背景とした外交力を身につけてきた。

新型コロナウイルスが中国でも猛威を振るった二〇二〇年こそ、中国の実質経済成長率は二・三%だったが、いち早く終息させた二〇二一年は八%成長に戻している。

SARSが流行した胡錦濤時代の二〇〇三年は、中国GDPの世界経済に対するシェアは四％程度だったが、二〇一八年には約一六％に拡大した。

中国国家統計局が二〇二一年二月に発表した「二〇二〇年国民経済・社会発展統計公報」によれば、年平均為替レート換算で一七％を上回る。

これまで「世界の工場」「世界の消費市場」の役割を担ってきた中国は、「世界最大の経済大国」として他国の追随を許さない存在に成長しつつある。

香港の英字紙、東方新報（二〇二一年三月二三日）には、北京大学新構造経済研究所の所長で経済学者の林毅夫が、北京で行われたシンポジウムで、

「中国が今後一〇年間、年率五％から六％の経済成長を達成できれば、二〇三〇年までに世界最大の経済大国になる」

と語り、反響を呼んだとする記事が掲載された。

前年の一二月には、イギリスのシンクタンク、ＣＥＢＲ（経済ビジネス・リサーチ・センター）が、次頁の図のように、二〇二八年までに中国がアメリカを抜いて世界最大の経済大国になるとの報告書を発表している。

先に述べたように、中国には建国以降、いくつもの節目がある。

そのどれもが大きな意味を持つものだが、筆者は、今の経済大国・中国があるのは、一九七〇年代後半、鄧小平によって改革開放路線に舵を切ったことが起点となったと思う。

アメリカと中国の国内総生産（GDP）の見通し（2010〜2034年）

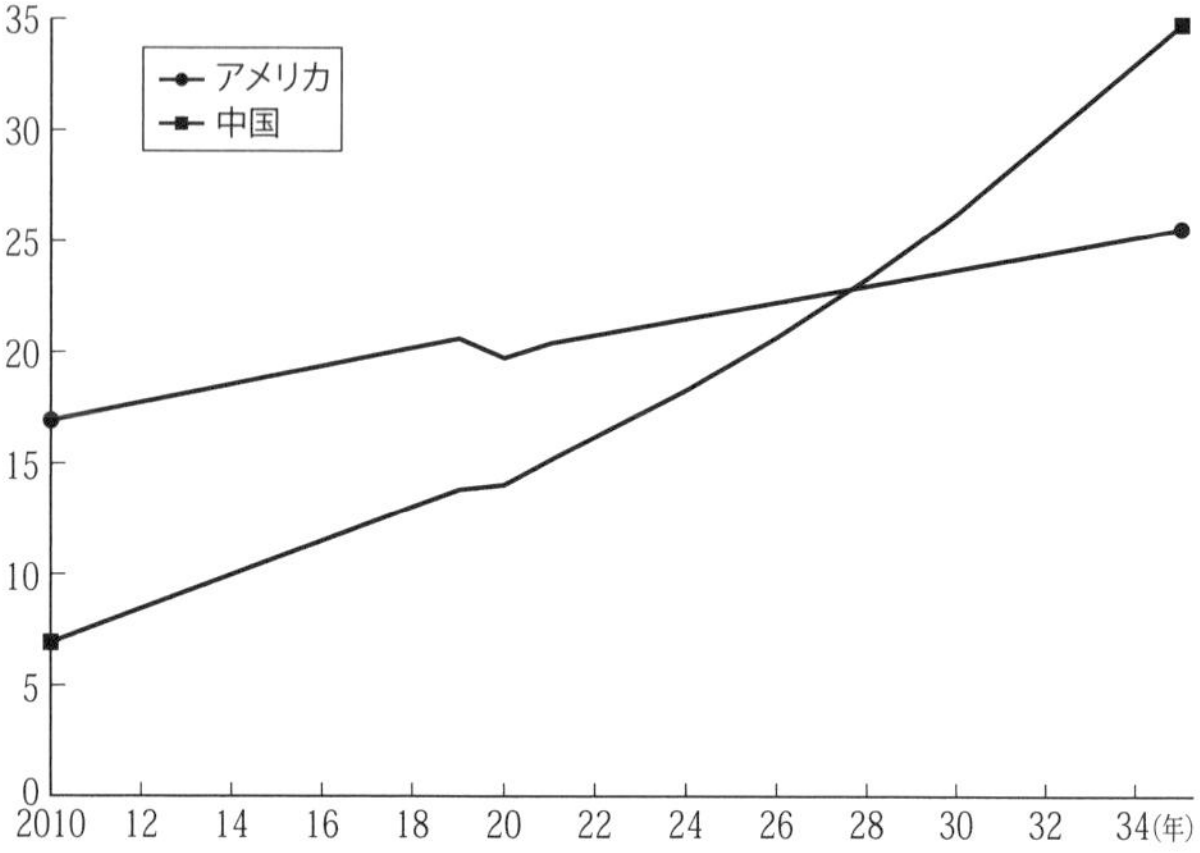

出典：英シンクタンク「経済ビジネス・リサーチ・センター」の「世界経済リーグ・テーブル」（2021年度版）

毛沢東による文化大革命の混乱を経て復権を果たした鄧小平は、市場経済主義を導入し工業化を加速させた。

それも、中国共産党が指導し、深圳や厦門などに経済特区を設け、主に輸出産業の育成を行うというものだ。「中国共産党独裁」や「官僚帝国」という枠組みを壊すことなく、国営企業を改革し株式会社を作り、中国の急速な経済成長を軌道に乗せることに成功した。それを支えたのが、安い賃金で働く出稼ぎ労働者である。

正式な株式会社制度の始まりは一九九〇年代以降になるが、一九八〇年代に、今では世界でも名高い企業に成長を遂げた会社が産声を上げている。

たとえば、中国を代表するパソコンメーカー、レノボや通信機器大手のファーウェイ・テクノロジーズ（華為技術。以降はファーウェイと表記する）などがそれに当たる。最初は、日本の高度成長期と同様、鉄鋼業が発展した。その次に自動車メーカーが台頭した。その次にIT企業が急成長を見せるのである。経済力があれば誰にも支配されない。逆に、経済力があれば支配する側に回ることができる。この原理は個人も国家も同じだ。

今まさに、それを実行しているのが習近平なのである。

経済覇権

習近平時代に入り、中国は次々とその影響力を国際社会に見せつける構想を実現させた。

◆習近平時代に実現させた構想・組織

・一帯一路構想

二〇一四年一一月、習近平が北京で開かれたAPEC首脳会合で提唱した広域経済圏構想。

「シルクロード経済ベルト」（一帯）および「二一世紀海上シルクロード」（一路）

で構成される。前者の陸路は中国の西安からトルコ、ロシアを経由、後者の海路は中国の南東部からマレーシア、ケニアを経由し、最終的にイタリアに繋がる。この域内の国々と投資や貿易の促進など経済的協力関係を構築することを狙った中国の国家戦略。

・ＡＩＩＢ（アジアインフラ投資銀行）
一帯一路構想を経済的に支援するため、二〇一五年一二月に発足した国際開発金融機関。アメリカや日本が主導するＡＤＢ（アジア開発銀行）に対抗し、途上国などへの指導的立場を明確にし、中国主導によるインフラ建設を推し進める狙いがある。

発足時の加盟国数は五七であったが、現在は一〇〇を超え、ＡＤＢ加盟国をはるかに上回っている。


習近平は、二〇一八年を祝う「新年賀詞」の演説でこのように語っている。

「我々は、人類運命共同体を構築してきた」

ただ、筆者には、中国贔屓の国と戦略拠点を作り上げたという自信に聞こえる。

中国の経済大国化は、鄧小平時代以降、続けられてきた改革開放路線を推し進めた結果だが、その手法は歴代の最高指導者とは全く異なる。

外交では目立たず、内政で力を蓄えるという鄧小平以降の「韜光養晦《とうこうようかい》」路線とは一線を画し、世界第二位の経済大国、世界第一位の工業国としての力を、自分の代で国際社会に示すという決意が伝わってくるのだ。

そうなると、世界は中国を抜きに語れなくなる。

「中国の経済成長なんて、模倣と大量生産を繰り返してきただけのことさ」

ボストンのテレビ局、WGBHに勤める筆者の知人はこう語るが、負けず嫌いのアメリカ人が、中国がすぐ後ろに迫っている現実を受け止められないだけだ。

思えば、新型コロナウイルスが世界で猛威を振るった当初、「武漢が震源地」とする国際的な批判の高まりに、WHO（世界保健機関）のテドロス事務局長のした発言があまりに中国寄りで、テドロスの出身国、エチオピアが一帯一路の恩恵を受けてきたからだと憶測を呼んだことがあった。

それを言うなら、IMF（国際通貨基金）の元専務理事、クリスティーヌ・ラガルドや国連事務総長のアントニオ・グテーレスも、中国の強い後押しでその座を射止めたと指摘されている。

軍事力だけでなく、世界屈指の経済力を身につけた中国は、今や国際世論をコントロールし、国際機関の首脳人事まで操れる地位になったということだ。

このことは、台湾統一を「国内問題」と主張し、尖閣諸島を「中国固有の領土」と言い張るうえで大きなアドバンテージになるだろう。

だからこそ中国は、北朝鮮やイランなどよりはるかに脅威で厄介なのである。

デジタル覇権

急成長を遂げた中国経済だが、GDPの規模だけが大きくなったわけではない。注目すべきはその中身だ。

習近平が、浙江省のトップ、党委員会書記を務めていた頃、見出した起業家の中に馬雲（ジャック・マー。以降、マーと記述）がいる。

一九九九年、小さなアパートでインターネットサイトを立ち上げたマーは、のちに、通販事業をアマゾンに匹敵する規模にまで成長させている。

これがアリババグループ（阿里巴巴集団）である。

アリババは、毎年一一月一一日、数字の「一」が並ぶ日に、「独身の日」としてお祭りのようなセールを行い、一日で数兆円を売り上げることで知られる。

「世界時価総額ランキング」によれば、アリババは、企業価値を評価する時価総額で世界第一〇位前後だ。これは、トヨタの四〇位前後を大きく上回っている。

中国では、IT分野の進歩が目覚ましく、バイドゥ（百度）、アリババ、テンセント（騰訊）の三社は、頭文字をとって「BAT」と呼ばれる。アメリカで言う「GAFA」（グーグル、アマゾン、フェイスブック、アップル）の中国版だ。

それぞれが新たなサービスを展開し、それら全てが市民社会に浸透してきた。

中国を旅行する際、現金派の筆者などは、スマートフォンに電子マネーアプリを入れていないため、買い物をすると、「現金じゃダメなの？　人民元なら持っているのに……」と困惑する場面が多い。

アリババ系のアントグループによる「アリペイ」、テンセントが提供する「ウィーチャットペイ」、いずれかのQRコード決済サービスを利用できなければ食事すらできないケースもある。

そうなれば使わざるを得ない。しかし使えば、個人データを収集されることになる。紙幣や硬貨には匿名性があるが電子マネーにはないからだ。

後述する香港の民主化デモでは、参加者の多くが地下鉄の切符を買うのに現金を使ったそうだが、それだけ電子マネーの利用にはリスクが伴うということだ。アリババの社名の由来になった物語の呪文のように、とても「開け！　ゴマ」という気分にはなれない。

中国では、二〇一四年から、国家主導で「社会信用システム」の構築が進められ、電子マネーから得た情報で個人を格付けする信用スコア制度が整備されてきた。

たとえば、アントグループが提供するサービス「ジーマクレジット」（芝麻信用）は、個人の信用度を、「学歴や勤務先」「支払い履歴」「履行能力」「人脈」「行動」で評価しスコア化している。

上海の知人に聞けば、スコアが高い人は病院の優先予約ができたり、マンションを借りる際、敷金が不要になったりするなどの特典があるため、「アリペイ」の人気機能のひとつになっているそうだ。

そのため、スコアをアップさせようと、交友関係や不動産所有の証明など個人情報を惜しみなく提供する利用者も多いのだという。

しかし、その情報が、公安など中国当局に流れれば、利用者は皆、国家の監視下に置かれたも同然になる。

中国の二大電子マネー、「アリペイ」は「ＰａｙＰａｙ」と、「ウィーチャットペイ」は「ＬＩＮＥペイ」と、日本でもおなじみのサービスと連携している。

これが世界各国に拡がれば、世界の電子マネー利用者の情報が中国当局にだだ漏れになる危険性が出てくる。中国のＩＴ技術による覇権である。

中国各地で進む顔認証制度も監視社会の実現に大きく貢献している。

日本の空港などでも導入が進んでいる顔認証制度は、確認が済めばデータは破棄されるが、中国ではそうはいかない。犯罪者の逮捕などには有効な反面、個人情報を永久的に、しかも無防備に国家に渡すことになる。

批判が許されない国

二〇二〇年一一月三日、国際社会の目が「トランプか？ バイデンか？」とアメリカ大統領選挙に注がれた日、中国の上海と香港の証券取引市場では、「アリペイ」を運用するアントグループの新規同時上場が突然延期されるという「事件」が起きた。

筆者も、アメリカでの開票状況に釘づけになりながらも、マー率いるアリババ系企業の上場延期が不可解でならなかった。

中国最大の資産家となっていたマーは、上場を前にした中国国内での金融サミットで講演し、

「素晴らしいイノベーションは、管理・監督を恐れない」

「私たちは質屋の考え方が残る金融を変革し、信用に基づく発展をしていく」

と述べている。この会合には国家副主席の王岐山も出席していて、マーの中国当局批判

とも受け取れる発言は、すぐさま習近平の耳に入ったはずだ。

アメリカの有力紙、ウォールストリートジャーナル（同年一一月一二日付）には、習近平が激怒し、上場を中止させるよう命じたとされる記事が掲載されている。

その後、マーは公の場から姿を消し、後に側近を通じて「身を潜めているが元気」などとする近況が伝えられるようになったが、マーのような中国経済への功労者ですら、「体制批判」という虎の尾を踏めば、すぐに社会的地位を奪われ、上場まで取り消される社会や市場は、どう考えても健全ではない。

これは、中国・武漢で、新型コロナウイルスによる感染の拡がりをいち早くＳＮＳで警告した医師、李文亮（のちに感染死）が、病院の監察課による聴取を受け、地元警察当局から「社会秩序を乱す」として処分を受けた問題でも同じだ。

筆者は、早稲田大学大学院で修士論文の指導を受けていた頃の出来事を思い出した。中国人留学生が中国の体制問題を研究し、見事な博士論文に仕上げ、指導教授に提出したときのことだ。教授からの意外な発言に驚かされたことがある。

「『よく研究したね』と言いたいけど、君、これを論文として発表したら、もう中国には戻れないよ。戻ったら確実に捕まるよ。だから認められないな」

かれこれ一〇年ほど前の話だが、当時、教授として、修士や博士の論文指導をしていた石田光義の言葉は、的を射た指摘であったと言うほかない。

その頃、中国は胡錦濤時代だったが、今は習近平全盛期で技術も進んでいる。国家を批判する者は絶対に許さない監視体制がより強化されているのである。

精神を弾圧する新疆ウイグル自治区

監視社会の中国では、二億台を超える監視カメラによる統治が続いている。とりわけ、「天網」と呼ばれる、監視カメラとＡＩを組み合わせたシステムは、監視カメラで人民の動きを追跡し、ＡＩによる顔認証で個人を特定する優れモノである。

これが弾圧の手段として使われているのが新疆ウイグル自治区だ。

中国政府の大規模監視システム

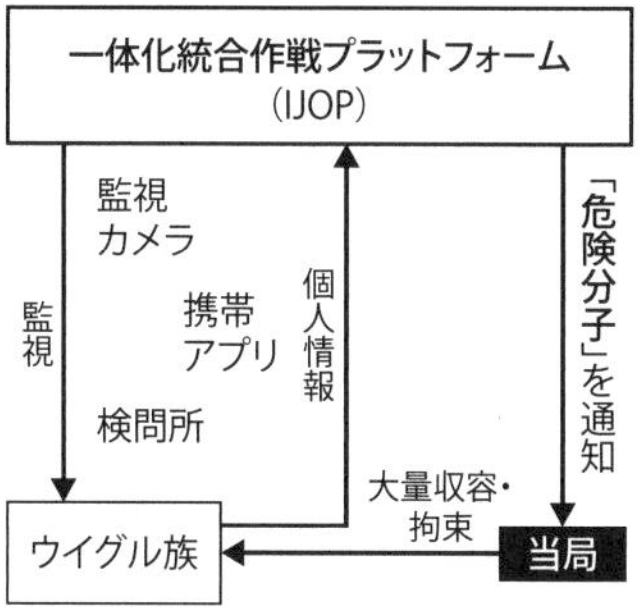

出典：東京新聞電子版（2019年11月25日）

上の図がその概要である。

一九九〇年代以降、ソ連崩壊に伴う中央アジア諸国の独立を受け、旧ソ連のカザフスタンに接した新疆ウイグル自治区でも、イスラム教徒のウイグル族による独立運動が活発になり、中国政府が武装警察を投入するなどして締めつけを強化し、ホロコーストを思わせる虐殺まで行ってきたのは周知のとおりである。

中国の経済成長に不可欠な石油や石炭、希少金属が豊富ということもあるが、中国政府は、イスラムの文化や宗教が抑圧されていると訴えるウイグル族の精神を弾圧し、政府の言うことを聞くよう洗脳しようとしているのだ。

強制収容所を設け、監視システムで危険分子を見つけて送り込み、拷問や虐殺によって抵抗することをあきらめさせ、中国共産党による支配が、イスラム教徒や地域の分離独立によって揺るがないよう洗脳しているのである。

共同通信などが加盟している国際調査報道ジャーナリスト連合が入手した中国当局の内部文書では、「職業教育訓練センター」と称した収容所で、ウイグル語ではなく中国語を使わせ、民族文化を捨てさせている実態が明らかになっている。

中国からすれば、地下資源が豊かで約二五〇〇万人が暮らすこの地域は、台湾と同様、維持しておきたい「核心的利益」である。

当然、人権問題に敏感なアメリカ・バイデン政権は黙っていない。イギリスの保養地、コーンウォールで開かれたG7サミット(先進七か国首脳会議)や、その直後のNATO首脳会議でも、中国を名指しで批判した。

それだけではない。新疆ウイグル自治区東部の砂漠地帯では、中国が核ミサイル発射基地や弾道ミサイルの格納庫を建設している実態が明らかになり、バイデン政権は警戒を強めている。

バイデン対習近平の戦いは、新疆ウイグル自治区問題でも続くことになる。

崩壊した香港の「一国二制度」

一九九七年七月一日、筆者は雨が残る香港のビクトリアハーバーで、夜空を焦がすおびただしい数の花火を見上げていた。

「一国二制度、新しい歴史が始まるのだな……」

香港がイギリスから中国に返還された記念すべき式典。

会場となった湾仔のコンベンションセンターで、英国旗のユニオンジャックに代わって五星紅旗が掲揚されるシーンを見ながら、何とも言えない興奮が、蒸し暑さからくる汗とともに、体全体に拡がるのを感じていた。

チャールズ皇太子やトニー・ブレア首相（当時）らも出席した主権返還式典で、当時の国家主席、江沢民は、「これは中華民族全体の喜びである」と北京語で挨拶した。香港の初代行政長官となった董建華も北京語を使用した。

この式典で使われた言語は英語と北京語だけだ。香港の人々が使う広東語は一切使用されず、そこだけは違和感を覚えた。結果的にこの違和感は正しかった。

返還に当たり、中国は香港に対し、「一国二制度」を約束した。

「一国二制度」とは、香港に二〇四七年までの五〇年間、中国本土とは異なる制度を適用することを認めるというものだ。

一九八二年に当時のイギリス首相、マーガレット・サッチャーが訪中し、鄧小平との間で交渉を始め、二年後に両国の共同声明で決定されたものである。

具体的には、外交・防衛を除く分野で、香港は特別行政区として独自の行政や立法、それに司法権を有し、中国本土では認められない言論や集会の自由も許可されるという「高度な自治」を約束する内容となっている。

「これでしばらくは何も変わらない。私がお婆ちゃんになっても今のまんま」

香港返還の式典取材で筆者の通訳をしてくれた女子大生、ジャッキー・リーの弾んだ声が今も忘れられない。

中国が約束した「一国二制度」は、ひとつの国家の中に一党独裁の社会主義国と資本主義の塊のような街が同居する壮大な実験のようなものだ。

もともと、この制度は、台湾を統一するため中国が、「武力による解放」から「平和的な交渉」に転換する手段として考案したものだが、中国はまず、そのアイデアを香港で試みたわけだ。

しかし、この壮大な実験は、五〇年どころか、わずか二十余年で瓦解した。

その発端は、二〇一八年二月、中国による「逃亡犯条例」改正の動きにある。香港人の男性が台湾で恋人を殺害し、台湾当局に逮捕される前に香港に戻ったのがきっかけだ。台湾と香港の間には、犯罪者の引き渡しに関する協定がなかったため、香港政府が「逃亡犯条例」を改正して引き渡そうとしたところ、中国政府が、

「台湾は中国の一部なのだから、台湾と引き渡し協定を結ぶのはおかしい。中国本土に引き渡すよう改正しろ」

と待ったをかけ、これに香港市民が立ち上がったのである。

「反政府的」と目をつけられたら最後、中国本土に連行されかねない内容に、市民の怒りや不安が大規模なデモとなって爆発したのだ。

二〇一九年六月一三日、筆者が担当していた報道ワイド番組に、デモの先頭に立ってきた周庭（アグネス・チョウ）をゲストに招いた。香港では四日前、一〇〇万人を超える規模のデモが起きたばかりであった。

「『逃亡犯条例』の改正案が通ってしまったら『一国二制度』は終わりです」

当時二二歳だった周庭は、流暢な日本語で切実な思いを吐露してくれた。

彼女は、二〇一四年、香港行政長官選挙の民主化を求めて、学生らが街の中心部を占拠し、催涙弾で鎮圧しようとする警察隊から雨傘で身を守ったことで知られる「雨傘運動」でも先頭に立っている。

周庭はその後も、「行政長官選挙への直接選挙の導入」を求め、立候補に中国当局の同意が必要であることや、投票権は中国に近い団体にのみ与えられている現状を変えること、そして「警察の取り締まりを調査する委員会を設けること」などを求め、警察隊を相手に抵抗を続けた。

反対デモの結果、「逃亡犯条例」改正案は撤回されたが、直後の二〇一九年一一月には、デモ隊が香港理工大学に立てこもり、警察隊とにらみ合いを続ける事態も起きている。

中国は香港介入への手を緩めず、周庭や同じ民主派リーダーの黄之鋒らは、二〇二〇年一二月、デモを扇動した罪で警察当局に逮捕された。

筆者はこの逮捕劇を見て、「自由だった香港は終わった」と実感した。

香港の議会にあたる立法会の議員選挙に関しても、全人代で「愛国者による香港統治」決定案を承認した流れを受け、「反政府的」と見なされる民主派の候補者は立候補すらできない事態に追い込まれることになった。

習近平指導部は「一つの中国」の原則に沿わない事象は徹底的に排除する。こうして「一国二制度」や「高度な自治」は消滅したのである。

香港特区法と国家安全維持法

香港返還後、筆者は何度も香港へと出かけた。そして香港から十分日帰りができる中国側の広東省深圳市に、MTR（鉄道）やフェリーを使って出向いた。

今では、中国版の新幹線により、香港中心部とわずか一五分で結ばれている深圳は、もとは小さな漁村だったが、改革開放路線を進める鄧小平によって、一九八〇年、中国初の経済特区に指定されると急速に発展し、人口一三〇〇万人を超える大都市に発展している。

超近代的な高層ビルの中に、突如、高さ一〇メートル、幅三〇メートルの鄧小平の肖像画が現れ、蓮花山公園に行けば彼の銅像があるのはこのためだ。

中国を代表するハイテク企業のテンセントやファーウェイを生み出し、「中国のシリコンバレー」と呼ばれるまでに発展した深圳は、街自体がイノベーターで、フィンテック企業（金融サービスと情報技術を組み合わせた業態）やユニコーン企業（宇宙、バイオなど世界を変える未上場の急成長企業）が集結する街となっている。

香港と深圳を往復する度に、

「香港の影響で深圳がさらに変化し、深圳の影響で中国本土が変わる」

そんな期待感すら抱いたものだ。

しかし、中国が恐れていたのは、香港の自由が中国本土に浸透し、「中国の香港化」が進むことであった。

返還時に定められた香港特別行政区基本法（香港基本法）では、「高度な自治」を認める一方で、国家への反逆や国家の分裂、反乱を扇動したりする行為を禁じる法律の制定を香港政府に義務づけている。

そして、この特区法の下、メディアへの言論統制や親中国色の強い候補者が優遇される選挙制度など、「制限された自治」が続けられてきたのである。

香港の人々の怒りと不満が臨界点に達したのが、二〇〇三年に起きた五〇万人規模のデモであり、前述した二〇一四年の「雨傘運動」であった。

極めつけは、習近平指導部が決定し、二〇二〇年六月三〇日に施行された香港国家安全維持法である。

「清水さん、香港は完全に死んでしまいました」

その日、筆者は、香港中文大学で教鞭を執る小出雅生からのメールを目にした。

小出は、大学教員という立場上、中国に反発する学生たちの思いを、筆者の担当番組で伝えてくれていた人物だ。そのメールには、「香港の中国化」が確定してしまったことへの悲痛な心境が綴られていた。

◆香港国家安全維持法の骨子（筆者が抜粋し要約）
・国家からの離脱、転覆行為、テロリズム、香港に介入する外国勢力との結託という犯罪に及んだ場合、最低三年、最高で無期懲役が科される。
・中国中央政府は香港に新たな保安施設を設立し、独自の法執行官を配置する。施設も法執行官も香港の地元当局の管轄外となる。
・裁判が非公開で行われたり陪審員なしで行われたりする可能性がある。また裁判官は、香港行政長官が任命できる。
・香港に居住していない外国人が起訴される可能性もある。

この法律に基づき、民主派のリーダーが次々と逮捕された。中国に批判的な論調で知られる香港紙「蘋果《ひんか》日報」も発行停止に追い込まれた。

この法律には、中国を悪く言えば、外国人でも処罰されかねない内容も明記されている。

こんなことを書けば、筆者も逮捕されかねないが、この法律は、中国に抗う人々の息の根を止める、中国共産党安全維持法とも言うべき悪法である。

反面教師はゴルバチョフ

二〇二一年六月四日、香港では警察当局による厳戒態勢が敷かれた。この日は、中国で民主化運動が武力弾圧された天安門事件から三二年に当たる。

これまで香港では認められてきた天安門事件の犠牲者に対する追悼集会が、新型コロナウイルス対策を理由に禁じられたのだ。

たとえ数人でも集まり、過去そうであったように「一党独裁終結！」「香港民主加油！」などと叫ぼうものなら、香港国家安全維持法違反で即逮捕である。

では、こうした香港つぶしの先に、習近平が見据えているのは何であろうか。

もちろん、台湾を統一し、「固有の領土」と言ってはばからない沖縄県の尖閣諸島を手にすること、さらに東シナ海や南シナ海を完全に掌握することである。

もっと言えば、アメリカを凌駕する軍事力と経済力を手にし、国際社会の盟主になることであろう。

ただ、習近平が自ら語る「中国の夢」を実現し、「中華民族の偉大なる復興」を成し遂げるには、その前に、答えを出さなければならない課題がある。

それは、「ソ連がなぜ崩壊したか」という問いに答えることだ。

一九八五年にソ連共産党の書記長となったミハイル・ゴルバチョフは、後、共産党官僚政治の打破に向け、グラスノスチと呼ばれる情報公開に取り組み、ペレストロイカと称する改革路線を打ち出して市場経済の導入を図った。

外交面でも、「新思考」と呼ばれる外交を展開し、一九八七年にアメリカとの間で核戦争回避に舵を切り、一九八九年のマルタ会談では冷戦を終わらせた。

そして、一九九一年にはソ連最初の大統領に就任したが、年末にはソ連自体が消滅。人気があり話題もあったゴルバチョフ時代は短命で終わっている。

その点、習近平は、すでに答えを見出し、対照的な道を歩んでいるように見える。

官僚政治を打破するのではなく、腐敗を一掃することで強化し、情報は公開せず徹底して統制し、外交面ではアメリカ以外の諸国を抱き込もうと努めている。

軍を国営化してしまったゴルバチョフとは異なり、軍の全権を握ることで自分に忠誠を尽くさせ、人気を得るより恐れられる指導者を目指してきたふしもある。

これが、香港で「自由」「人権」「民主主義」、それに「法の支配」といった国際社会の普遍的な価値を公然と踏みにじってきた習近平の強さでもある

この強さが、軍事力や経済力以上に中国の恐さになっていると思うのである。

海警法

二〇二一年五月三一日、習近平は中国共産党の幹部を前にした講話で、「開放的で自信に満ち、控えめで謙虚で、『可信、可愛、可敬』（信頼され、愛され、敬愛される）という中国のイメージを創り上げていかなければならない」と指示した。国営新華社通信が伝えたものだが、筆者は全国ネット枠の報道番組での解説で、「これは単なるポーズ。外交方針の転換ではない」と断言した。

事実、尖閣諸島の接続水域（沿岸国＝日本が取り締まりのため規制を行うことができる水域）には連日、中国海警局の船が侵入している。日本政府が抗議をすれば、中国外務省の報道官からは、

「中国の固有の領土で合法的な措置だ」

と判で押したような反応が返ってくるため、取材しなくても中国の反応が取れる。

このように、習近平の施政には、バイデンが語るとおり「民主主義のかけらもない」ばかりか「控えめで謙虚」などという姿勢は微塵も感じられないのである。

こうした中、中国は、全人代の常務委員会で「中華人民共和国海警法」（以下、海警法と表記）を可決し、二〇二一年二月一日に施行した。

海警法は、国際的にはあくまで沿岸警備隊として位置づけられている中国海警局の役割や権利義務を明確化したものだ。最大のポイントは、いざというとき、日本で言う海上保安庁にすぎない海警局に、海軍と同様の役割と権限を与えるという点だ。戦時には、習近平を頂点とする中国軍の命令系統の中に組み入れられる部隊になるということだ。

◆海警法の骨子（筆者が抜粋して要約）

・中国当局の許可を得ないで、外国の組織や個人が中国の管轄海域内の島嶼環礁に建造物や構造物を建設した場合、海警局は停止または除去する命令ができ、従わなかった場合には強制的に解体したり除去したりできる。（第二〇条）

・外国軍艦や外国公船（巡視船など）が中国の管轄海域で中国国内法に違反した場合、海警局が取り締まり、従わなかった場合には強制的に排除したり、拿捕《だほ》したりすることができる。（第二一条）

・外国船によって中国の主権や管轄権が侵害されている場合、海警局はそれらの不法行為を排除し、危険を除去するために必要な武器使用を含む全ての措置を執ることができる。（第二二条）

中国は、この年、宇宙やサイバーなどの領域に関わる国防法も改正している。

これらの法整備がセットで行われたことは、習近平が、第一章で述べた第一列島線の域内を圧倒的に優位な状態にし、是が非でも台湾を統一し尖閣諸島を手に入れようと周到な準備に入った証拠である。

防衛省は、海警法について、「令和3年版 防衛白書」で強い懸念を示し「国際法上、問題がある」と明記した。

自衛隊前統合幕僚長の河野克俊も、筆者の取材に、

「最近、日本の合法的に操業している漁船を、海警局の船が追跡する事案が増えている。尖閣諸島という日本の領海で、中国は中国の法律を執行しているという状況を作り出している。これが常態化すると、国際社会から見て、尖閣諸島の施政権はどっちにあるのかということになる」

と警戒感を隠さない。

尖閣諸島をめぐる問題については、あらためて第六章で述べるが、習近平と彼が率いる指導部は、たとえ表面上は笑顔を見せても、裏では爪を研ぎ、いつでも武力で撃退し、襲いかかる準備を法的にも進めているのである。

【本音のコラム③】新型コロナウイルスとラジオ報道

二〇二〇年二月頃から、テレビはもとよりラジオの報道番組も新型コロナウイルスに関するニュースがメインとなってきた。

緊急事態宣言を出しては解除し、感染者数がリバウンドすればまた宣言を出す繰り返しに辟易としながらも、テレビのワイドショーと感染症の専門家の奪い合い合戦に参戦し、ワクチン、変異株、苦境に立たされる飲食店など、前日と同じ内容にならないよう切り口を探す苦闘が、本書執筆の段階でも続いている。

そんな中で置き去りにされてきたのが国際情勢だ。ラジオの場合、たとえリモートによる取材であっても、世界の動きに記者を割く余裕はない。

仮に提案しても、後輩から「聴取者にとってはコロナが一番の関心事なのに、台湾とかアフガニスタンとか遠くないですかぁ？」と言われてしまう始末だ。

おまけにコロナ不況で予算削減を余儀なくされ、出演料を抑えるため、先の番組で使った有識者の声を、後ろの番組でも使い回せという指示が出たりもする。もともと国際情勢に造詣が深い記者が少ないラジオ業界。「自分一人でもやる」くらいの気概がある後輩を育成しなくちゃ、と真剣に思っている。

第四章　意外に強いアメリカ・バイデン大統領

戻ってきたアメリカ

「America is back」（アメリカは戻ってきた）

第四六代アメリカ大統領に就任したジョー・バイデンは、二〇二一年二月四日、国務省で外交政策に関する演説を行い、アメリカの最も大切にする民主的な価値に根差した外交を始めると宣言した。

バイデンは、およそ二週間後に開かれた国際会議、そして四月二八日に連邦議会で行った演説でも、「アメリカは戻ってきた」を強調している。

この言葉が意味するのはトランプ前政権からの転換である。

バイデンは大統領に就任した初日に国際協調を重視する姿勢を鮮明にし、地球温暖化対策の国際的枠組み「パリ協定」へ復帰し、WHO（世界保健機関）からの脱退を撤回した。加えて、猛威を振るう新型コロナウイルス対策についても、ワクチンを共同購入し公平に分配する国際的枠組み「COVAX」に加盟し、トランプ前政権時代、大きな問題となったメキシコとの国境の壁に関しても、就任してすぐ建設を取りやめている。

トランプとの激戦を制し大統領になったバイデンは、まず国際社会に向け、トランプ政権時代の外交から全面的に方針転換を図る姿勢を強調した。

それと同時に、「開かれたアメリカ」の復活、もっと言えば、アメリカが中心となって国際秩序を形成していくために「再始動」することを高らかに宣言したのである。

バイデンは、大統領選挙で当選が確実となった勝利宣言でこう語っている。

「最善のアメリカは地球の指標になると私は信じます。そして、私たちの力を見せつけることによってではなく、私たちが見本となることで導いていくのです」

また、就任一〇〇日を経た連邦議会での演説でも、

「専制主義国家が未来を勝ち取ることはありません。アメリカが勝ち取るのです」

と語ってみせた。

その背景には中国の台頭と脅威がある。バイデンは、国際協調体制によってこれに対抗し、アメリカの権威を取り戻す姿勢を鮮明にしたのである。

では、「アメリカの権威を取り戻す」とはどういう意味だろうか。

言うまでもなく、アメリカは自由と民主主義の国家だ。中国のような共産主義や社会主義とは相容れない。

対する中国は、中国共産党一党支配の国である。中国共産党が政府と人民を指導し、中国軍を指揮し、憲法を超えた全権を掌握する独裁国家だ。信仰の自由や言論の自由、そして政治活動の自由など一切認めない国である。

そもそも中国とは、「世界の真ん中の国」を意味する。現在は習近平という皇帝が君臨し、アメリカに追いつき追い越そうと経済力と軍事力を身につけ、名前のとおり、中国が中心となって国際秩序を習近平カラーに染め上げようとしている。

加えて言えば、中国は地政学的に見てロシアなどと同じ大陸国家だ。大陸国家には専制主義の国が多く、日本やアメリカ、イギリスなど海洋国家には民主主義の国が多い。これまで両者の間では数々の覇権争いが繰り広げられてきたが、現在は大陸国家の中国が、海を越えて国際社会を席巻しようとしている。

アメリカからすれば、そんなことは許されず、ありえないことだ。

筆者が知るアメリカ人は、少なからずアメリカの経済力と軍事力に自信を持っている。アメリカが世界一になって以降、生まれた人たちは、「強いアメリカ」であることがアイデンティティーになっているように見える。

バイデンが目指そうとしているのは、一義的には、大統領選挙で分断されたアメリカ、格差が進むアメリカをできるだけひとつにまとめることだ。

それに加え、日本やイギリスなど価値観を同じくする国と協力体制を再構築し、中国封じ込めによって、アメリカの威信を取り戻そうとしているのである。

間違ってきた対中政策

「最も望ましいのは、戦闘で勝利することではなく戦わずして勝つことである」

とは孫子の兵法である。

第一章で述べた台湾有事の際に想定される全領域戦やハイブリッド戦といったグレーゾーンでの戦い方もそうだが、着実に経済力と軍事力を養い、それを背景に国際社会で発言力を強めてきた中国、その国家としての生きざま自体が、孫子の兵法を体現している。

アメリカが、「あれっ？」と思っているうちに、経済力で接近され、インド太平洋地域に限れば、軍事力でも拮抗するところまで追い込まれている。

「経済成長は著しいが、中国はまだまだ発展途上国。アメリカの比ではない」

「軍事力はそこそこだが、最新鋭のものは少ない」

「一党独裁政権だが、東欧やソ連のように時代とともに変化していくだろう」

「価値観は異なるが、中国市場は魅力。うまく利用しよう」

筆者は、このように中国にさまざまな問題があると知りながら、たいしたことはないとタカをくってきたツケがバイデン政権に回ってきているように思う。

興味深いのは、トランプ政権時代、政権の中枢にいた人物二人が、中国の脅威をリアルにとらえ警鐘を鳴らしたことだ。

まずは、トランプを支え続けたペンス副大統領だ。

二〇一八年一〇月四日、ワシントンDCにある保守系のシンクタンク、ハドソン研究所で講演した当時の副大統領、マイク・ペンスは約四〇分にわたり、中国の不当な行為を列挙しては痛烈に批判し続けた。

ペンスは、中国船による尖閣諸島海域への侵犯や南シナ海に造設した人工島に対艦・対空ミサイル基地を建設していることに触れ、

「陸海空でのアメリカの軍事的優越性を損ない、西太平洋地域から米国を排除し、同盟国支援を妨げようとしている」

と主張した。そして、経済力を背景に覇権を握ろうとしている点にも言及し、

「アジア、アフリカ、ヨーロッパから中南米まで、中国がインフラ支援で巨額の対中債務を負わせている」

と指摘した。

また、ペンスは、多くのアメリカ人から共感を呼びそうな話として、宗教や人権問題を取り上げ、

「クリスチャンが投獄され、聖書が燃やされている」

「チベットでは過去一〇年間で一五〇人もの僧侶が中国に抗議して焼身自殺した」「新疆ウイグル自治区では、一〇〇万人ものイスラム教徒が投獄されている」などと語っている。

さらに、台湾問題に関しては、台湾の民主制こそが「全ての中国人にとってよりよい道だ」として台湾に寄り添う姿勢を見せた。

ペンスが講演したのは、連邦議会上院の三分の一、下院では全議席が改選される中間選挙の約一か月前だ。中国を叩くことでトランプ政権と共和党を持ち上げる意図もあったのだろう。

しかし、たとえそうであったとしても、歴代の副大統領がここまで踏み込んで中国を非難したのは、一九七九年の国交正常化以降、ペンスが初めてである。

当時、アメリカの有力紙、ニューヨークタイムズは、これを「新冷戦の号砲」という見出しで伝えたが、筆者はこれこそまさに、冷戦ではなく、グレーゾーン事態へと至る前段階の戦いが始まった瞬間だったと受け止めている。

もう一人は、ポンペオ前国務長官である。

二〇二〇年七月二三日、カリフォルニア州のニクソン大統領記念図書館で「共産主義の中国と自由世界の未来」と題した演説を行ったマイク・ポンペオは、

「アメリカ歴代政権の中国への『関与』政策は失敗だった」

と明言した。さらに、

「航空会社は中国に気を遣い、世界地図から台湾の表記を外し、ハリウッドは中国に忖度し中国政府が気に食わない映画は作らないようにしている」

「私たちは中国をノーマルな国として扱ってはいけない」

「自由主義の同盟国が立ち上がって中国の姿勢を変えるときだ」

と語っている。この半年後には、トランプ政権からバイデン政権へと代わり、ペンスやポンペオも政治の表舞台から去ったが、彼らが指摘した中国の脅威の実態や、アメリカ単独ではなく、価値観を同じくする同盟国と力を合わせてこれを抑えるという姿勢は、バイデンにも受け継がれている。

中国は、アメリカが手を差し伸べたからこそ国際社会の一員になり発展もできた。しかし今の中国は、言うことをきかないネコではなく、アメリカの喉笛に噛みつきかねないトラに成長している。そのトラを、どこと力を合わせて退治するのか、バイデン政権には歴代政権のツケを払う重い責務がのしかかっているのである。

「私は、アメリカを分断させようとするのではなく、団結させる大統領になる」

二〇二〇年一一月八日、その日、在宅勤務だった筆者は、自宅でCNNの生中継を見ながらバイデンの勝利宣言を聞いていた。

「私はアメリカの魂を立て直す。アメリカを世界から再び尊敬される国にする」

地元、デラウェア州ウィルミントンで支持者の前に姿を見せたバイデンは、もうすぐ七八歳を迎える高齢者とは思えない力強さで国民に向け語りかけた。

筆者は、民主党の候補者を指名するための予備選挙や党員集会が始まる前から、「バイデンが指名される。彼でなければトランプには勝てない」

と見ていた。

しかし、序盤のアイオワ州党員集会とニューハンプシャー州予備選挙で敗北する。

それも、のちにバイデン政権で運輸長官となるピート・ブディジェッジや急進左派の上院議員、バーニー・サンダースに大差をつけられ、アイオワでは有力候補の中で四位、ニューハンプシャーでは五位と沈んだ。

結果を受けての演説も原稿棒読みで覇気がなく、目もうつろな姿は、七七歳という高齢と相まって「撤退は時間の問題」と思わせるに十分だった。

大統領選挙の候補者指名レースには「勝利の方程式」が存在する。

序盤の両州で勝利し、メディアの注目を集め、巨額の献金につなげる。そうすることで、それ以降の予備選挙や党員集会でもモメンタム（勢い）がつき、勝利に近づくことができるというものである。

実際、過去四〇年あまりの大統領選挙を振り返っても、これら二つの州で敗れたにもかかわらず指名を獲得できたのは、一九九二年のビル・クリントンだけだ。

しかし、サウスカロライナ州の予備選挙で初勝利を挙げたバイデンは一気に巻き返す。ブディジェッジら民主党中道派の候補者が相次いで撤退を表明したことで、中道系候補が一本化され、バイデンは、予備選挙が集中するスーパーチューズデーで、一四州のうち一〇州を制した。

「スリーピー・ジョー（退屈なバイデン）」

共和党現職のトランプはしばしば彼をこのように揶揄したが、撤退寸前から返り咲いた姿は、「ミラクル・ジョー（奇跡のバイデン）」と言うべきものだ。

バイデンにとってもう一つプラスに働いたのが、新型コロナウイルスの感染拡大である。正確に言えば、感染拡大によって後半に予定されていた予備選挙が次々と延期され、「これでは大逆転は難しい」と判断したサンダースが撤退したことだ。

これにより、バイデンは候補者指名レースをフルに戦うことなく、野球で言えば降雨による五回コールドゲームのような形で勝利したのである。

そして、バイデンは民主党候補としてトランプと戦い、法廷闘争にもつれこむほどの大接戦を演じた挙句、勝利をものにした。

これだけでもミラクルだが、それまでの人生も波乱に満ちている。

バイデンには、妻と二男一女の家族がいたが、上院議員に初当選した直後、妻ネイリアと一歳半だった長女ナオミを交通事故で亡くした。現在の妻、ファーストレディーとなったジル・バイデンは再婚相手である。

バイデンは、一九四二年一一月二〇日、中産階級の家庭で生まれ育った。二九歳の若さで、地盤も看板もカバン（資金力）もない中、共和党の重鎮を破って上院選挙で勝利し中央政界へのデビューを果たした。

しかし、その年に妻子を亡くした。四五歳のときは自身が二度も脳動脈瘤の手術を受け、オバマ政権で二期目となる副大統領を務めていた二〇一五年には、今度は長男のボー・バイデンを脳腫瘍で失っている。

ジルは、当時のバイデンの様子を民主党大会で次のように語っている。

「ボー（長男）の葬儀から四日後、ジョーがヒゲを剃りスーツを着るのを見ました。鏡に向かって気持ちを強く持ち、息を吸い、胸を張って、息子がいなくなった世界に出て行く彼を見たのです。彼は仕事に戻りました。彼はそういう人です」

筆者は、このジルの証言に、バイデンという政治家の神髄を見た思いがした。

筆者は、バイデンがアイオワとニューハンプシャーで連敗した直後、民主党支持者が多いニューヨークで市民の声を聞いて回ったことがある。そのときは、

「最終的にはバイデンが民主党候補に決まるんじゃないの？　そしてトランプに勝つんじゃない？　だって無難だから」

といった声が聞かれたものだ。筆者のバイデン評も似たようなもので、「それならトランプのままのほうが面白い。中国へのにらみも利く」とすら考えていた。

ただ、バイデンが大統領に就任して一〇〇日が経ち、二〇〇日が経過し……という中で、「なかなかやる」という評価に変化してきた。

それは、これまでの人生で何度も不幸や逆境を味わい、その都度、這い上がってきた経験によるものではないかと思うのである。

期待値が低かったバイデン

アメリカでは、新政権が発足し一〇〇日の間を「ハネムーン期間」と呼ぶ。これは、メディアや国民が、新たな大統領が就任してから一〇〇日間は、その政策に関して早急な論

評を避けるという期間である。

三か月程度では公約に掲げた政策がどうなるのか判別しにくく、株式市場でも大きな混乱は起きにくいためだ。

しかし、筆者が「なかなかやる」と感じたのは、バイデンが「ハネムーン期間」の間に、いくつかの成果を「見える化」したからである。

バイデンは大統領選挙において、撤退寸前から盛り返し、約八一〇〇万票もの大量得票で勝利した。

しかし、トランプも熱狂的な支持者によって七四〇〇万を超える得票を得たことで、リベラル派対保守派という構図にとどまらず、所得、人種、宗教、それに地域などさまざまな面で、分断社会がさらにエスカレートするのでは、と見ていた。

加えて、バイデンの勝利は「トランプでなければ誰でもよい」とする、特に若い無党派層の消極的な支持によるもので強力な支持層を持たないこと、そして、たとえ大統領になれたとしても、中道派で穏健なバイデンは、サンダースをはじめとする民主党内の急進左派から相当な圧力をうけるだろうと予測していた。

対中国に限った外交政策を考えても、アメリカ第一主義を掲げ、中国に対し、二〇一八年から翌年にかけ四度にわたって経済制裁を科したトランプとは異なり、国際協調で中国

トランプとバイデンの政策・外交姿勢

	トランプ	バイデン
外交姿勢	アメリカ第一	国際協調
政策手法	トップダウン	優秀なスタッフと協議
外交理念	思いつき	民主主義対専制主義
気候変動	国内産業重視	気候変動への対応優先
対中国	貿易面で激しく対立	競争相手と位置づけ包囲網
アジア政策	自由で開かれた インド太平洋戦略	自由で開かれた インド太平洋戦略

に立ち向かおうとするバイデンでは、あまりに心もとなく思えた。

ブッシュ政権と民主党のオバマ政権で国防長官を務めたロバート・ゲーツは、著書『イラク・アフガン戦争の真実』（朝日新聞出版）の中で、バイデンの外交政策を、「重要な外交政策において彼は四〇年間、ほぼ全てで間違ってきた」

と表現している。

「バイデン政権も、かつてオバマ政権が、中国の軍事拡張に戦略が打てず、南シナ海の南沙諸島に人工島を作られてしまったのと同じ轍を踏むことになる」

筆者も担当番組でこのように解説したくらい期待値は低かった。

しかし、バイデンの政策決定は思った以上に素早かった。

バイデンがトランプ時代の政策撤回などを目的に署名

した大統領令は、就任一〇〇日で約四〇本に上り、同期間のオバマ（一九本）やトランプ（二九本）を大きく上回った。

特筆すべきは新型コロナウイルス対策の速さである。

官民挙げてのワクチン接種で、就任前には一日当たり二五万人もいた新規感染者数を三か月余りで五万人まで減らすことに成功した。

民主党単独で二兆ドル（約二二〇兆円）規模の経済対策を成立させ、一三〇万人もの雇用を創出した。

外交面でも、中国に対しては想像以上に厳しい姿勢を見せている。

前頁の表はトランプ、バイデンの発言をもとに筆者がまとめたものだが、中国に対する姿勢に大きな変化はない。

詳しくは次項で述べていくことにする。

バイデンの対中政策

「ブッシュはロックをかけた。オバマはブルースをかけた。トランプは一人でゴーゴーを踊った。そして今、バイデンが出てきて一緒に踊ろうと言っている」

バイデンが大統領に就任して直後、取材する機会を得た元駐米大使、藤崎一郎のバイデン外交に対する見方である。

二〇〇八年から二〇一二年まで駐米大使を務めた藤崎は、歴代大統領の外交姿勢をディスクジョッキーにたとえ、このように語った。

北朝鮮、イラン、イラクを「悪の枢軸」と呼び、イラク戦争を仕掛けたブッシュ、そのイラク戦争を否定し、TPPやパリ協定に代表されるように国際協調を重視したオバマ、そして、アメリカ第一主義を掲げ、国際協調の枠組みからは脱退し、中国とは貿易戦争で覇権を争ったトランプ。

その中にあって、バイデンの外交政策は、国際協調路線という面では藤崎の指摘どおりである反面、トランプ政権を引き継いだ部分も多い。

事実、バイデン政権で国務長官に就任したアントニー・ブリンケンは、国務長官の指名承認を受ける連邦議会上院の公聴会で、

「中国に対して強硬姿勢を取った点で、トランプ大統領は正しかった。その手法は同意できないが、原理原則は正しかったし、わが国の外交政策に有益だった」

と発言している。

◆バイデンの対中政策

・中国は競争相手＝「脅威」とするロシア、北朝鮮、イランとは明確に区分している。ただ、議会に反中派が多いこともあり対中強硬路線を堅持。大統領就任式には台湾の駐米代表を正式招待した。
・中国の人権問題＝新疆ウイグル自治区のウイグル人への迫害を「ジェノサイド」（集団虐殺）と認定。
・貿易の制裁関税＝トランプ時代の制裁関税を維持。
・前政権との比較＝アメリカ単独で中国と貿易戦争を繰り広げたトランプ政権とは異なり、民主主義国家との同盟関係を重視し「中国包囲網」を布く方式。上院外交委員長や副大統領の経験からトランプよりは中国に詳しく、トランプのように一人で勝手に動こうとせず、経験豊富な人材を活用することができる。

これらは筆者がまとめたものだが、方程式で表すなら、

「バイデンの対中政策＝（オバマの融和路線＋トランプの強硬路線）÷2」

といったところだろうか。

前述したように、バイデンは中国を「競争相手」と評している。

敵視したトランプよりマイルドなのは、バイデンが掲げる気候変動対策、とりわけ温室

効果ガスの削減には、中国の協力が不可欠だからだ。

その一方で、二〇二一年二月一〇日、習近平と電話で会談したバイデンは、「中国の高圧的で不公正な経済的慣行、香港での取り締まり、新疆ウイグル自治区での人権侵害問題、台湾などへの圧力強化が根源的な懸念事項だ」

と強調している。

当然、習近平は、台湾、香港、ウイグルの問題は「中国の内政問題だ」と反論し、一歩も譲らない立場を明確にしたが、このことによってバイデンは、アメリカ大統領としての外交が「民主主義対専制主義」の構図になると確信を得たのではないかと筆者は見る。

就任一〇〇日の演説で「専制主義国家が未来を制することはない。勝つのは我々だ」と述べたのも、就任して初めて対面形式で行った首脳会談の相手に、当時の日本の総理大臣、菅義偉を選びホワイトハウスに招いたのも、そして就任初の外遊先にイギリスを選んだのも、価値観を同じくする民主主義勢力の地固めである。

ちなみに初の外遊先は、二〇二一年六月一一日からイギリス南西部の保養地、コーンウォールで開催されたG7サミット（先進七か国首脳会議）であった。

イギリスに到着したバイデンは早速、こんな演説をしている。

「我々は歴史の分岐点にいる。専制主義が二一世紀の課題に対応できるという考えは間違いだと暴き出さなければならない」

バイデンが初参加したサミットには、インド、オーストラリア、韓国の首脳も招待され、バイデン派（民主主義国家）勢ぞろいでのサミットとなった。

そのサミットでは、首脳宣言に、「両岸問題の平和的解決を促す」と台湾海峡の平和と安定に関する文言が盛り込まれた。これはバイデンの思惑どおりであった。

対する中国は、サミットに先駆け、重慶でASEAN外相会合を開き、南シナ海問題で東南アジア諸国の理解を得ようと試みたが、領有権を争うベトナムが強硬に反対し、狙いどおりの共同声明が出せないまま閉幕した。

バイデン対習近平。その第一ラウンドはバイデンに軍配が上がった。

政権中枢を固める凄腕の側近たち

G7サミットの直前、アメリカは連邦議会上院で、対中国競争法案とも言うべき法案を可決させた。

これは、アメリカ国内の半導体生産やハイテク分野の研究開発に五年間で二五〇〇億ドル（約二七・五兆円）を投入するというもので、日本など同盟国との連携強化や人権問題までも包括したものだ。

言うまでもなく、中国というサプライチェーン（供給網）に依存しなくとも、デジタル覇権を目指す中国と伍して戦うことができるようにするためのものだ。

これは、大統領選挙と同日に行われた上下両院議員選挙で、最終的に両院ともに民主党が多数となったことが大きい。

特に、閣僚人事の承認や条約の批准、弾劾裁判の実施を担う上院で、民主党と共和党がともに五〇議席ずつと同数になり、その場合、副大統領のカマラ・ハリスが決裁投票を行うため、事実上、民主党が多数を握る形となった。

ただ、共和党の議事妨害を阻止するための「クローチャー動議」を出すのに必要な六〇議席には達していないため、バイデンが進めようとしている医療保険や気候変動問題など重要法案の審議では政党間の調整が必要になるが、上院も民主党が多数を維持したことで、少なくとも外交政策は進めやすくなったと筆者は見る。

事実、閣僚人事では、バイデンが指名した顔ぶれが順当に承認されている。

バイデンの人事は、分断された国家を一つにまとめるため、トランプ前政権に比べ多様性に富み、非白人が半数、女性も半数近くを占めている。

中でも、今後の対中政策を占ううえで注目しているのは、政権中枢を固める凄腕の側近やビッグネームの存在である。

◆押さえておきたい注目の閣僚や政権スタッフ

・カマラ・ハリス（副大統領）＝女性初の副大統領。検察官出身。バイデンに何かあれば大統領になる。外交安保は未知数で著書にも記述がほとんどない。

・アントニー・ブリンケン（国務長官）＝バイデンの側近中の側近。オバマ政権で国務副長官と国家安全保障問題の大統領副補佐官を歴任。男性。

・ロイド・オースティン（国防長官）＝安全保障政策の要。元陸軍大将。オバマ政権下で中東地域のアメリカ軍を統括した。黒人初の国防長官。男性。

・ジャネット・イエレン（財務長官）＝前ＦＲＢ（連邦準備理事会）議長。新型コロナウイルスに伴う経済対策や税財政改革などの重責を担う。女性。

・ジーナ・レモンド（商務長官）＝安全保障の観点から、ハイテク分野で対中政策を担う。元ロードアイランド州知事。女性。

・ピート・ブディジェッジ（運輸長官）＝バイデン政権の看板、環境・インフラ政策を担う。民主党候補者指名レースで善戦。男性。同性愛者と公言。

・リンダ・トーマス・グリーンフィールド（国連大使）＝オバマ政権でアフリカ問題担当の国務次官補を務めるなど豊富な外交経験を持つ。女性。

・ジョン・ケリー（大統領特使・気候変動問題担当）＝新設された目玉ポスト。民主党の重鎮で、二〇〇四年大統領選挙で民主党候補。男性。
・キャサリン・タイ（USTR＝通商代表部代表）＝オバマ政権下のUSTRで中国担当。中国との貿易問題に取り組む。中国の大学で教員経験。女性。
・ジェイク・サリバン（国家安全保障問題担当大統領補佐官）＝バイデンの側近で「アメリカ外交のスター」と称せられる。イラン核合意で実績。男性。
・ウィリアム・バーンズ（CIA長官）＝情報活動の指揮を執る。男性。

バイデン政権の「売り」は適材適所であること、そして、ジャネット・イエレンやジョン・ケリーなど、国際社会で顔と名前が知られている実績のある人物を重要ポストに就けたという点だ。

さらに言えば、厳しい対中政策で知られる人物で固めた点である。

国務長官のアントニー・ブリンケン、国家安全保障担当大統領補佐官のジェイク・サリバンをはじめ、インド太平洋調整官のカート・キャンベル、国防長官特別補佐官となったイーリー・ラトナーなど、外交・安全保障面で対中政策を担う主なメンバーはそろって対中強硬派である。

こうした顔ぶれからも、バイデン政権は、新疆ウイグル自治区や香港、それに台湾をめぐる動きなど、この先も議会と歩調を合わせ中国に対して厳しい姿勢を維持すると見られる。

しかも、バイデン政権で対中政策を担う高官はいずれも中国問題に精通した人材ばかりだ。中国に対して、大胆で強気ではあるが、直感で政策を講じてきたトランプ政権とは大きく異なる。

新型コロナウイルスが沈静化し、アメリカ国内の景気が上向けば、中国に対するバイデン政権の独自色が徐々に打ち出されていくのではないだろうか。

「関与」か「封じ込め」か

対中強硬路線とはいっても、難しさは残る。

一つは、中国を完全に「封じ込め」とはいかないからである。

敵視する国や競争相手とする国との関わり方には、大きく分けて「関与」と「封じ込め」の二つがある。

このうち、冷戦下でソ連や東欧など共産圏に行ったように、貿易をしない、人的交流もほとんどない、資本や技術の移転も行わないという「封じ込め」の手法では、アメリカ経済が成り立たない。

中国は、アメリカにとって三番目の輸出相手国であり、最大の輸入相手国だ。その輸入額が輸出額を大きく上回ってきたために、トランプは「不公平だ」として中国からの輸入品に高い関税をかけ、貿易摩擦を生じさせたわけだが、これが長期化すれば、中国だけでなく、アメリカ経済にとっても打撃となる。

では、「関与」という姿勢ならどうだろうか。

「関与」とは、関係するということである。無視する、排除する、一切の関わりを持たないという封じ込めとは異なり、仲間外れにしない、国際社会の一員として認めつき合うということだ。

バイデンは、自身が高らかに掲げる気候変動問題、とりわけ温室効果ガスの削減問題では中国と協力しなければならない。新型コロナウイルス感染拡大で傷んだ国内経済を立て直すにも中国との貿易は欠かせない。

その一方で、中国が人権を弾圧し、東シナ海や南シナ海において力による現状変更をしようとしている点は、アメリカとして看過できない。

つまり、関わりを持たないわけにはいかないし、仲間として扱うこともできない難しさがあるということだ。

もう一つは、バイデン対習近平の戦い、すなわち「民主主義対専制主義」の戦いは、価値観の戦いであるという点だ。

トランプが仕掛けた貿易戦争はビジネス上の利害関係の話で、交渉によってアメリカに実利が得られれば、解決の糸口は見出せるものだった。

しかし、バイデンが直面しているのは中国との価値観の相違である。

「習近平指導部が人々の自由を抑制し、大きな権力をふるうのは間違っている」と声高に主張したところで、「それは内政干渉というものです」と言われてしまえばそれまでだ。

ましてや、台湾問題に関しては、アメリカには、中華人民共和国を中国唯一の合法的な政府と認める一方で台湾の独立は支持せず、台湾は中国の領土の一部とする中国側の言い分、「一つの中国」の原則を尊重してきた過去がある。

それを蒸し返すのは、一度、「この敷地は貴方のもの」と認めておきながら、「なぜ、敷地内でバーベキューなんかするんだ！」と後から咎《とが》めるのと同じである。

バイデン政権でインド太平洋調整官となったカート・キャンベルと、国防長官特別補佐官に就任したイーリー・ラトナーが、二〇一八年、「フォーリン・アフェアーズ」誌に共著で寄稿した論文にこんな一節がある。

「中国を孤立化させ、弱体化させようと試みるべきではないし、内政をよりよい方向へと変化させようとすべきでもない」

つまり、価値観が全く異なる中国には、これまでのような「関与」政策では効果がなく、かといって、アメリカ単独で「封じ込め」政策を断行する力もないと述べているのである。だからこそ価値観を同じくする国々の力が必要になってくるのだ。その意味でバイデン政権は、発足直後から新たな対中政策という難題に直面したことになる。

モノ言う政権

トランプ政権では、副大統領のペンスらが中国を厳しく批判したことは先に触れたが、トランプ自身も、貿易面だけでなく安全保障面でも中国を批判している。

たとえば、二〇二〇年五月二九日、ホワイトハウスで行った中国に関する記者会見では、

「中国はアメリカを搾取してきた」

と述べ、アメリカから製造業や雇用、知的財産を奪ってきたと指摘したうえで、太平洋で違法に領有権を主張し、航行の自由を脅かし、香港の自治についても約束を破ったと厳しい口調で非難した。

さらに、新型コロナウイルスを「武漢ウイルス」と呼んで、中国の武漢が感染源である

にもかかわらず、中国がそれを隠蔽し、世界的な感染拡大を招いたと繰り返し断罪した。

これには筆者を含め、本音ではウイルス拡散の震源地を「中国の武漢に違いない」と見ていた日本の記者仲間も、放送以外のところで「もっと言ってやれ！　トランプ！」と拍手喝采したものである。

しかし、バイデン政権も中国にモノ言う政権である。

先にも触れたが、バイデンは就任してまもない二〇二一年二月一〇日、習近平と電話で会談を行った。バイデンが就任後、直接電話で話をした国家の首脳では、習近平が一一番目（日本は七番目）だ。

背景には、国内向けに「私は中国との関係を最重要視していませんよ。厳しくいきますよ」とアピールする思惑があったのだろう。

ただ、筆者は、中国の春節前夜に電話を入れ会談したことが引っ掛かった。

ホワイトハウスは会談後、

「中国政府による強権的で不公平な経済慣行や、香港での取り締まり、新疆での人権侵害、さらに台湾を含め周辺地域で強圧的な行動を増していることについて、大統領は根本的な懸念を強調した」

と発表したが、春節というお祝いムードの中、電話をすれば融和の空気になる。

「人事では対中強硬派を選んだものの、実際には緩くなるのか」

と危惧を抱いたのである。

一方の中国は、会談について大々的に報道した。人民日報や新華社などの報道によれば、習近平はバイデンにこう伝えたという。

「中米両国は対立すれば悲惨な結果を招く。台湾や香港あるいは新疆ウイグル自治区に関する話は中国の内政問題であり、中国の主権と領土保全の問題。アメリカは中国の『核心的利益』を尊重し、慎重に行動しなければならない」

この報道に、ホワイトハウスは何ら反論していない。しかも電話会談でバイデンは、中国人民を「偉大なる人民」と讃えて、相互理解を深めようと呼びかけているのだ。「バイデンでは押しが弱い」と思ったのは筆者だけではあるまい。

これが杞憂だと感じたのは、翌月一八日と一九日にアラスカ州アンカレジで開かれた米中外交トップによる会談である。

会談は、アメリカ側からブリンケンとサリバン、中国側からは中国共産党政治局員の楊潔篪と外相の王毅が顔を揃えて始まった。

「最近のサイバー攻撃や新疆ウイグル自治区でのイスラム系少数民族の扱い、香港支配強化と、中国の行動は国際秩序と人権を脅かしている」

冒頭から中国を批判したアメリカ側に対し、中国側も、

「米欧諸国が国際世論を代表しているわけではない。アメリカこそサイバー攻撃の『チャンピオン』だ」

と応酬し、「これが客を迎える態度か?」と気色ばむ一幕もあった。

筆者はテレビ報道で見るしかなかったが、取材しているメディアが「頭撮り」（会談の冒頭のみ取材すること）を終えて外に出ようとしたところを、楊潔篪がわざわざ呼び戻し、カメラの前でアメリカ側への不満を語る異例の事態となった。

それでもブリンケンによる中国批判は、アンカレジ会談以降も続く。

二〇二一年五月二日に放送されたアメリカ・CBSのインタビューでは、中国が「世界の支配国家」になることへの警戒感をあらわにし、「ルールに基づく秩序に挑むなら我々は受けて立つ」とまで言い放った。

同年六月一一日には、楊潔篪と電話で会談し、新型コロナウイルスが武漢の研究所から流出した疑いがあるとして、中国側に解明に協力し、透明性を確保するよう求めたほか、台湾についても圧力を停止するよう強く要求した。

当然、中国は反論する。中国からすれば自分たちの言い分が正しいからだ。

秩序やルールは強者が弱者に押しつけるもので、弱者が強者に変われば、新たな秩序や

ルールを作り出す権利がある……これくらいに考えている国である。

良くも悪くも、これが中国のナショナリズムなのだ。これは交渉では解決できない。ゆえに貿易面以外で新たな衝突の可能性があるのである。

アフガニスタンからの撤退

ブリンケンだけでなくバイデン自身による中国批判も止まない。

就任初の連邦議会での演説では、前述したように、習近平に対して、「インド太平洋で強力な軍事プレゼンスを維持する」と宣言したことを明らかにし、「専制主義が未来を制することはない」と述べた。

菅義偉との日米首脳会談や文在寅との米韓首脳会談でも、中国が「核心的利益」として一歩も譲らない台湾や香港の問題に言及した。

そうした中で、筆者の目を引いたのは、二〇二一年四月一四日、アフガニスタンに駐留しているアメリカ軍を、「九・一一同時多発テロ」から二〇年を迎えるまでに完全に撤収すると宣言したことだ。

同日のアメリカの有力紙、ウォールストリートジャーナルは電子版で、ホワイトハウスの発表を受け、次のように論評している。

反政府武装勢力のタリバンが首都カブールの奪回を目指す中で、内戦が激化するだろう。再び過激派組織アルカイダと「イスラム国（IS）」の聖域となれば、アメリカが再び軍隊を送り込まざるを得ない事態になっても驚くに値しない。二〇一一年にオバマ大統領（当時）がイラクからアメリカ軍を撤退させたことがISの台頭を招き、軍の再展開を強いられたのと同じことになりかねない。（抜粋）

論評で示された懸念は、同年八月一六日、タリバンが首都カブールを制圧し、アフガニスタンの全権を掌握したことで現実のものとなる。

振り返れば、アメリカの歴代の政権は、アフガニスタンが再びアルカイダやISなどによるテロの温床と化すことを恐れ、アメリカ軍の完全撤収を見送ってきた。

あのトランプですら、タリバンとの合意で兵力を一万三〇〇〇人から二五〇〇人まで減らすのが精一杯だった。それをバイデンは実行したのだ。

余談だが、筆者は、二〇〇一年九月一三日、同時多発テロが起きた翌々日、ニューヨークへ飛び、世界貿易センタービル周辺の惨状を目の当たりにした。

ウォール街にまで立ち込める髪の毛が焼けたような匂い、数時間でコンタクトレンズがダメになるほどのコンクリートの粉塵、そして倒壊した建物に向かって家族の名前を呼び続ける声、地下鉄の運行が停止した街を力なく歩く人々……。

かつて、湾岸戦争やボスニア紛争で戦火をくぐり、クウェートやサラエボの破壊された街で阿鼻叫喚《あびきょうかん》のさまを見てきた筆者でも、あの光景は忘れられない。

その怒りのはけ口として始まったイラク戦争やアフガニスタンでのテロ組織掃討作戦もつぶさに見てきたので、完全撤収という速報を見たときは驚かされた。それと同時に「なるほど、そういうことか」と合点がいった。

アメリカ軍の撤収とタリバンによる新政権樹立は、バイデンのアフガニスタン政策の失敗と映り、支持率を下げるなどのマイナス効果をもたらしている。

「アメリカ軍が撤収してもアフガニスタンには政府軍三〇万人がいる。対するタリバンの兵力は七万五〇〇〇人。すぐに制圧されることはない」

という見通しは甘かったという指摘も的外れなものではない。

しかし、年間数兆円規模に上る駐留経費はアメリカにとって大きな負担である。

「タリバンとの戦争に戻るより、現在および将来の課題に向き合う必要がある」

とは、バイデン自身の言葉だが、「現在および将来の課題に向き合う」とは何を意味するのか。安倍内閣で二度、防衛相を務めた小野寺五典は語る。

「アフガニスタンからの撤収は、中国に一点集中するためでしょうね」

世界最強のアメリカ軍であっても、台湾有事に即応するには、東アジアと中東の二方面に軍事力を展開させておく余裕はない。ビジネスでしばしば語られる「選択と集中」が、安全保障面でも避けられないということなのだ。

その中国は、タリバンがアフガニスタンで新政権樹立に動き出す中、その動きに協力し支援していく方針を示した。

これはアメリカ軍が撤収したあとの中央アジア地域で影響力を強めるためであり、隣接する新疆ウイグル自治区にテロ組織が入り込み、習近平指導部を脅かすような事態に至るのを避けるためだ。中国の抜け目のなさがここでも見て取れる。

一方、バイデン政権はある意味、アフガニスタンに見切りをつけることで、抜け目のない中国への対応を着々と進めながら、貿易・投資・環境分野での対話は加速化させている。貿易戦争はほどほどに終結させ、外交安保の分野では徹底的に争う。バイデンはトランプ以上にリアリストなのかもしれない。

ロシアを「予測可能な国」に

バイデンが中国に一点集中するために避けて通れないのが、ロシアを「予測可能な国」

にすることだ。

ウラジーミル・プーチン率いるロシアは、GDPこそ韓国の一つ上の世界一一位（国連調査二〇二〇年一二月発表）にすぎないが、軍事力は、グローバル・ファイヤーパワーによる「二〇二〇年軍事力ランキング」（2020 Military Strength Ranking）で、中国を抑えアメリカに次ぐ二位にランクされている。

言うまでもなくロシアは、先に述べた大陸国家の代表格で、国際社会に対する発言力は大きく、軍事的脅威も十分にある。国連安全保障理事会の常任理事国であり、核保有国である。二〇二一年六月一六日、スイス・ジュネーブのレマン湖畔に建つ一八世紀の邸宅「ヴィラ・ラ・グランジュ」に、バイデンとプーチンの姿があった。

関係が最悪と言われる米ロのトップが初めて対面で会談したのである。

アメリカは、二〇一六年と二〇二〇年の大統領選挙でロシアからサイバー攻撃などによる介入を受け、企業もまたサイバー攻撃に悩まされ続けていた。アメリカは、ロシアによるウクライナのクリミア併合や、反体制派のナワリヌイ氏拘束などをめぐってもプーチンを批判し、「国際法違反だ」「即時釈放を」と訴えてきた。

プーチンは「強いロシアの復活」を標榜してきた政治家だ。自身の決断を「法の支配」という言葉に置き換えて説明することも多い。

加えて、二〇三六年まで大統領の座にとどまることができる改正大統領選挙法を成立させたことで、プーチンは八三歳まで強権を振るうことが可能になった。

その意味でプーチンは習近平に似ている。異なるのは、同じ専制主義国家でも、ロシアはプーチン個人が国を支配しているという点だ。

バイデンはそんなプーチンと約三時間半、話をした。注目すべきは、会談後、双方が成果を強調する中で、バイデンが記者会見でこう述べたことだ。

「相互の利益を促進するために協力できる分野、そして、アメリカが行動を起こすことになる自国や同盟国の利益を損なう行為とは何かを伝えることができた。さらにわが国の価値観とは何かを明確にすることもできた」

つまり、ロシアを「予測可能な国」に近づける第一歩にはなったということである。一方のプーチンもバイデンを「建設的でバランスがとれた人物」と評した。

今後も継続される米ロの対話でロシアとの雪解けが進み、いくらかでも脅威が軽減されれば、バイデンは今以上に中国に集中できるようになる。

オバマ政権よりマシ

本書執筆の段階で、バイデン外交に関して及第点を与えるのはまだ早い。しかし、現時点でも、バイデンが八年間、副大統領として関わってきたオバマ外交よりはマシという評価は与えたい。

黒人初のアメリカ大統領となったオバマは、就任直後の二〇〇九年四月、プラハで「核兵器なき世界」を訴え、ノーベル平和賞を受賞した。

二期目の二〇一五年にはキューバと五四年ぶりに国交を回復させ、核問題で対立していたイランとは「核合意」を結んで、核開発の規模を縮小させる枠組みを作った。地球温暖化防止に向けた「パリ協定」を主導し、協定の発効を後押しした。

このように列記すれば、それなりに成果を上げた政権という印象を与えるかもしれないが、イラクとアフガニスタンの紛争は終結させられず、シリア情勢でも混迷を招いた。そして何より、中国の海洋進出に対しては何もできなかった。

就任する直前に起きたリーマン・ショック後の景気対策、そしてオバマケアと呼ばれる医療保険改革を実現したことは評価できるとしても、外交に関しては、ハードルが高くない事象を形にしたにすぎない。

「YES WE CAN」

という彼のキャッチフレーズは看板倒れだったというのが筆者の率直な評価だ。

次頁の図は、オバマ政権末期の二〇一六年当時、中国が南シナ海に設置した人工島の地

中国が南シナ海に設置した人工島の地図（2016年当時）

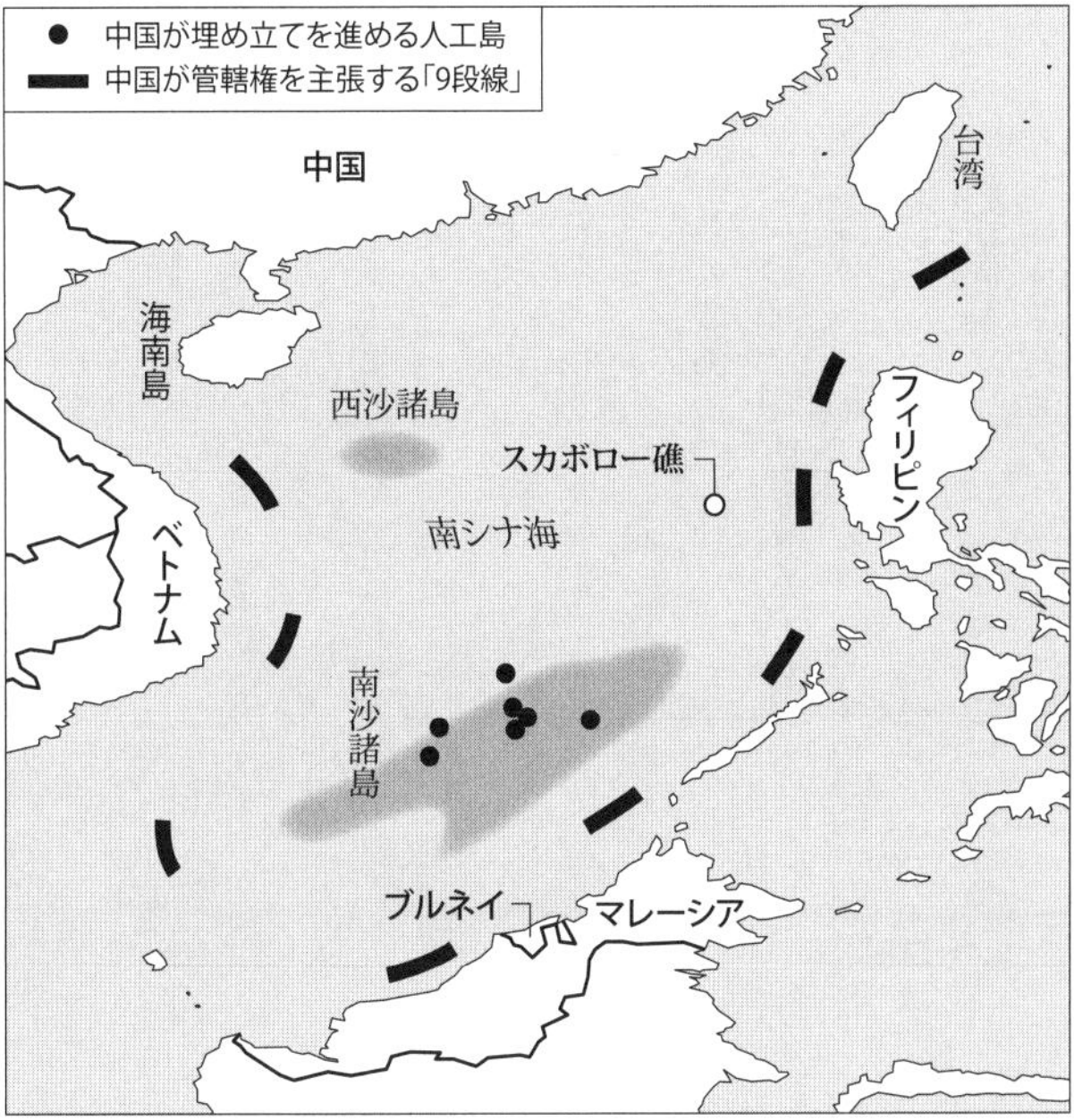

出典：朝日新聞デジタル（2016年7月12日）

図である。

中国は、次のアメリカ大統領がどのような対中政策をとるかわからないため、オバマ政権の間に、と南沙諸島海域に七つもの人工島を造成した。

戦闘機や爆撃機が離発着できる三〇〇〇メートル級の滑走路をはじめ、管制施設やレーダー施設を次々と建設していった。

それでもオバマ政権は強硬策を取らず、当時の国防長官、アシュトン・カーターの進言で、ようやく二〇一五年一〇月、南シナ海にアメリカ軍を派遣して中国をけん制する「航行の自由作戦」に踏み切ったのである。

南シナ海の問題をめぐっては、二〇一六年七月一二日、オランダ・ハーグにある仲裁裁判所が、中国が独自の権利を主張する境界線「9段線」（前頁の図参照）に国際法上の根拠はないとの判決を出している。

これが、南シナ海問題をめぐる初の司法判断で、提訴したフィリピンの主張をほぼ全面的に認める判決となったが、中国は受け入れず、「法的拘束力はない」とする声明を出して激しく反発した。

事実、仲裁裁判所に判決を強制的に履行させる手段はなく、領有権を主張してきたフィリピンも、そしてフィリピン側に立ってきたアメリカも、中国の人工島建設に関してはなす術がなかったのである。

そんなオバマ政権で副大統領を務めてきたバイデンの対中政策に期待感は小さかった。筆者も「第二オバマ政権になる」と見ていた。

トランプ時代の副大統領、マイク・ペンスは、二〇二〇年一〇月七日、大統領選挙を前にした副大統領候補による討論会で、こんな言葉を発している。

「バイデンは中国共産党のチアリーダー」

当時、トランプ陣営は、バイデンの次男、ハンター・バイデンが中国の実業家が立ち上げた投資ファンドの役員をし、不正行為に関与した疑惑を追及していた。

ペンスは、バイデンの次男にまつわる疑惑と、オバマの「弱腰外交」を引き継ぐことになるであろうバイデンを痛烈に批判してみせたのだ。

しかし、バイデンはこれまでのところ、良い意味で前評判を裏切っている。

先にも述べたが、中国は、中国共産党がトップで政府と人民を指導し、法を超える権限で軍をも掌握する国だ。

そのうえ、言論の自由も選挙の自由も一切認めない国で、アメリカからすれば「ありえない国」である。

バイデンは、アメリカが中国に対して抱く違和感、価値観の根本的な違いを、「民主主義対専制主義」という言葉に置き換え、考え方を同じくする国々との連携によって、中国の動きを抑止しようとしている。

もちろん、その成果が問われるのはこれからである。

台湾を守るメリット

では、アメリカにとって、そんな「ありえない」国、中国から台湾を守るメリットは何であろうか。

◆アメリカが台湾を守るメリット

・台湾には楽山にレーダー基地があり、弾道ミサイルだけでなく、中国軍の巡航ミサイルや航空機を捕捉できる。南シナ海全域を監視できるため、海南島にある中国軍の原子力潜水艦基地の動向も捕捉してアメリカ軍に提供してもらえる。

・台湾は、中国の防空システムやミサイル防衛システムの弱点に関する知見を有する。空・海・宇宙・サイバーなど各空間での状況や戦術が把握しやすくなる。

・台湾を守ることで「第一列島線」（九州から沖縄、台湾、フィリピン、ボルネオ島に至るライン）で優位に立ち、「第二列島線」（伊豆諸島を起点に、小笠原諸島、グアム・サイパン、パプアニューギニアに至るライン）に中国軍が進出してくるのを防ぐことができる。

・台湾を民主主義の状態に維持しておけば、台湾の基幹産業に成長した半導体の確保やIT技術で共同開発がしやすくなる。

・台湾を守ることは目と鼻の先の尖閣諸島も守ることにつながるため、日本への防衛義務を定めた日米安保条約を履行できる。

近年、アメリカの国防総省は、中国の「A2」（アクセス阻止）と「AD」（エリア拒否）能力の向上に対して、空軍と海軍を統合した戦闘構想を重視している。

年々、中国軍の能力が向上し、アメリカ軍は、台湾全土が含まれるこの地域に軍事力を投入することが難しくなっているからだ。

だからこそ、台湾を奪われないことが重要なのだ。IT技術に卓越し、同じ民主主義をとる台湾が掌中にあれば、全領域戦でも戦いやすくなる。逆に、台湾が中国の手に落ちれば、グアムが危うくなり、本土防衛が急務になってくる。

バイデン政権下では、そうならないための戦いが続いているのである。

バイデンコンソーシアム

二〇二一年六月一三日、バイデンはイギリス南西部の保養地、コーンウォールで記者会見に臨み、アメリカ大統領として初めて臨んだG7サミットの成果について、「大いに喜んでいる」と笑顔を見せた。

前述したとおり首脳宣言には台湾の問題を盛り込み、中国の覇権主義的な動きをけん制できたほか、習近平指導部が構築してきた巨大経済圏構想「一帯一路」に関しては、サミット参加国を中心とした民主主義国家が連携して、途上国のインフラ整備を支える新たな構想をまとめることもできた。

もっとも、ヨーロッパの国々にとっては、ロシアの動きが懸念材料で、重要な貿易相手国である中国に関しては、中国が主導するアジアインフラ投資銀行（ＡＩＩＢ）にも加盟しているため、必ずしもアメリカ寄りとは言い難い。

そこでバイデンは菅義偉とサミット二日目の討議の合間に作戦会議を行い、対中認識でコンセンサスが得られるよう動き、各国の足並みを揃えさせたのである。

ヨーロッパの中では、インド洋や南太平洋に海外領土を持つイギリスとフランスが、中国の強引な海洋進出に懸念を強め、やがて世界経済のハブとなるインド太平洋地域との関わりを強化しようと、アメリカとの再接近を図ってきた。

サミットで議長を務めたイギリス首相、ボリス・ジョンソンは、

「民主主義の先進国間の協力関係を強化する」

として、インドやオーストラリア、韓国などの首脳を会場に招き、民主主義国家が協調して中国と対峙する形を演出するのにひと役買った。

フランス大統領、エマニュエル・マクロンは、「Ｇ７は中国に敵対するクラブではない」としながらも、インド太平洋地域を「特定国の覇権領域にはしない」と、アメリカなどの

立場に理解を示した。

実際、イギリスやフランスは東アジアにフリゲート艦を展開している。フランス軍にいたっては、二〇二一年五月、初めて日米豪三か国との共同訓練に参加し、台湾や尖閣諸島を想定したとみられる離島奪還作戦の演習も行っている。

筆者は、その直後、フランス海軍太平洋管区統合司令官、レイ海軍少将らの記者会見に出席する機会を得たが、その席でレイは、

バイデンコンソーシアム

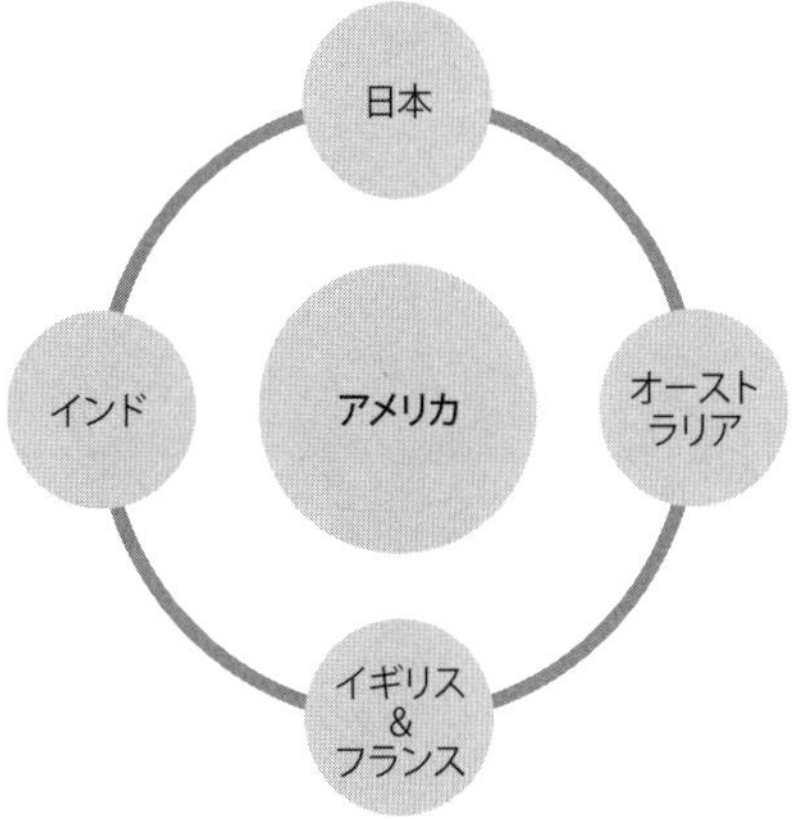

「我々は紛争には介入しない」
と述べる一方で、中国の海洋進出や軍事力強化には懸念をあらわにしている。
もともと、アメリカと日本は、インドやオーストラリアとともに、「Ｑｕａｄ」という安全保障や経済問題を協議する枠組みを設けている。
「Ｑｕａｄ」とは「四つ」の意味で、二〇一六年に安倍晋三が働きかけ、これまで外相会合や合同での軍事演習などが行われてきた。

これにイギリスやフランスが加わり、「Ｑｕａｄプラス」として機能すれば中国に好き勝手をさせない抑止力になる。

筆者はこれを前頁の図のように位置づけてみた。これはまさに、バイデンを中心としたコンソーシアム（共同事業体）である。

中国はＧ７サミットを受け、「アメリカは病気。Ｇ７各国はアメリカに薬を処方すべき」と批判したが、それだけ、このコンソーシアムが脅威なのである。

再選への道

バイデンは史上最高齢の七八歳で大統領に就任した。選挙戦当時から言い間違いが多く、「認知症なのではないか？」と健康不安説を口にする人も多い。

それゆえに、二〇二四年の大統領選挙には出馬せず、五六歳で副大統領になったカマラ・ハリスに民主党候補の座を禅譲するのではないかと見られ続けている。

バイデン自身は、二〇二一年三月二五日、記者会見で、八二歳になる直前で迎える次期大統領選挙に関して、

「再選出馬する計画だ。それが私の見通しだ」

と語る一方、

「三年半後のことをはっきりと計画することはできない」

とも語っている。

一期で降りるなどと言えば、その瞬間に死に体になる。公式な発言としては模範解答だが、実際のところ、一期四年で退くつもりなのか、それとも二期八年を目指すつもりなのかによって、バイデンの外交政策は大きく違ってくる。

大統領であれ総理大臣であれ、為政者は必ずと言っていいほど、任期の間に何らかのレガシー（遺産）を残そうとする。

一期四年で残そうとすれば、当然スピードは速くなり、二期八年を視野に入れるならじっくり取り組む選択肢もあるので、その手法は異なってくる。

その点、バイデンは、一期でレガシーを残そうとしているように見える。

内政面では、新型コロナウイルスのワクチン接種を急速に拡大し、大規模な経済対策を次々と打ち出した。

外交面でも、パリ協定への復帰やWHOからの脱退撤回に加え、イランとの関係再構築、アフガニスタンからの全軍撤収、そして中国に対しては、バイデンコンソーシアムとも言うべき民主主義国家共同体を作って包囲する動きを見せる……。

トランプ政治で進んだ国内の分裂と国際社会での求心力の低下を早期に修復する必要が

あったとはいえ、そのスピード感は歴代の大統領にはないものだ。

もっとも、次期大統領選挙で再選されることを目指すのであれば、軸足は内政面でいい。選挙の争点は外交面より内政面が中心になるからだ。

現に二〇二〇年のトランプ対バイデンでも、「新型コロナウイルス対策」「景気対策」「人種問題」と、クローズアップされた争点はすべて国内問題であった。

バイデン陣営はこれらに特化して訴え、アリゾナやジョージアといった共和党地盤の州で勝利し、二〇一六年の大統領選挙で共和党に奪われたミシガンやペンシルベニア、それにウィスコンシンの各州の奪還に成功している。

バイデンが黒人有権者の八割、ラテン系やアジア系の六割以上から票を獲得し、結果として選挙人三〇六人（トランプは二三二人）を得ることができたのは、病める大国アメリカの再建を内政面からアピールした成果なのだ。

しかし、レガシーとなると内政面だけでは国際社会の記憶に残りにくい。だからこそ中国包囲網の構築と実践を外交面の柱に据えたと思うのである。

筆者の目には、バイデンがあまり北朝鮮問題やイスラエルとパレスチナの問題には力を入れていないように映る。それは四年間ではどうにも解決できない課題、つまり、レガシーにはできないイシューだからではないかと推測している。

習近平からすれば、貿易戦争こそ仕掛けてきたものの、アメリカ内部の崩壊を招いてくれたトランプのほうが御しやすい相手だったかもしれない。

「中国を国際的な枠組みで封じ込め、台湾などに手出しをさせなかった大統領」

バイデンが、こんなレガシーを四年で残そうとすれば、習近平との駆け引き、台湾有事をにらんださまざまな領域での攻防は、一段と激しくなるはずだ。

【本音のコラム④】スペシャリストか、オールラウンダーか

ラジオ記者よりも、テレビや新聞社の記者のほうが専門性を身につけやすい。

在京ラジオ局の報道部も、国会担当、警視庁担当、東京都庁担当など、守備範囲が分けられてはいるが、テレビや新聞社ほど細かくない。取材費も少なければマンパワーも乏しいラジオ局の報道記者は「何でも屋」なのである。

たとえば、国会周辺で閣議後の大臣会見を取材したあと、イベントの取材に出かけたりするのは当たり前。経済の「け」の字も知らない記者が、デスクから「株価下落の中継レポートをやれ」と命じられることも日常茶飯事だ。

つまり、ラジオ局の記者は、オールラウンダーにはなれてもスペシャリストにはなれないのだ。おまけにラジオ局の報道部は出世コースではない。

筆者の場合は、外信担当であっても芸能人の裁判を傍聴できることを役得と思うようにしつつ、特定の分野だけ極めようとしてきた。体操選手にたとえれば、「あん馬」などは捨て、「鉄棒」と「平行棒」だけはメダルを獲るという作戦だ。

今はデスクとして、適材適所とは言い難い記者の配置をする毎日。「苦手分野の取材をやらせてごめん」と思いながら、後輩たちを現場に送り出している。

第五章　長期化する米中戦争と軍事衝突

トランプと習近平の共通項

習近平が中国共産党総書記や軍事委員会主席という党と軍の実権を握る最高ポストに就いたのが二〇一二年（国家主席就任は翌二〇一三年）。それ以降、アメリカ大統領は、オバマ→トランプ→バイデンと代わった。

「習近平が軍事力と経済力の強化に努めている間、オバマ政権は有効な手立てを打てず、中国の台頭を加速化させ、東シナ海や南シナ海でも優位に立たれてしまう元凶を作った」

筆者は本書でこのように述べてきた。では、トランプ時代の四年間はどうだったのだろうか。ここにも、これからの米中対立を考える鍵がある。

筆者は、二〇一六年一一月八日、大統領選挙でヒラリー・クリントンがトランプに敗れる以前から、「突然変異」のようにビジネスから政治の表舞台に登場したトランプという男の言動に注目してきた。

その結果、「二人の底流にある考え方はそっくりだ」と思うようになった。二人の考え方がいかに酷似しているか見比べてみよう。

◆トランプと習近平の主張

・トランプ＝MAKE AMERICA GREAT AGAIN
・習近平＝中華民族の偉大なる復興

いかがだろうか。

前述したように、習近平の狙いは、長期政権を確立し、台湾を「一つの中国」の名の下に統一することだ。

そして尖閣諸島という「固有の領土」も当然のごとく取り戻して、ゆくゆくは「アジアの覇者」にとどまらず、アメリカをも凌駕して「世界の覇者」になることである。それが彼の言う「中国の夢」である。

一方のトランプも、「アメリカの国益が最優先」という考え方がベースになっている。強く偉大なアメリカを取り戻すというキャッチフレーズは、「アメリカ国民の偉大なる復興」と宣言しているのと同じだ。

つまり、トランプと習近平は、似通ったキャラで、異なるのは国家の仕組みと、それぞれの主張を具現化する対象地域が、習近平は台湾海峡や南シナ海、トランプは南隣のメキシコや貿易赤字が増え続ける中国だっただけのことである。

そんな二人が初めて対面したのは、二〇一七年四月六日、フロリダにあるトランプの別荘「マー・ア・ラゴ」であった。

このとき、トランプ側は、三つの課題を用意して中国を待ち受けていた。貿易不均衡の問題、ミサイル発射実験を頻繁に行っている北朝鮮への対応、そして中国による南シナ海への進出問題である。

初日の会談で、いきなり北朝鮮について切り出したトランプは、習近平に、

「我々はオバマ政権のような『戦略的忍耐』はしない」

「北朝鮮にもっと圧力をかけてくれ。圧力をかけてくれたら、オバマ時代に南シナ海でやってきた『航行の自由作戦』は取り止める」

と迫った。

習近平からすれば「核心的利益」につながる南シナ海への進出は継続したい。そうするにはアメリカ軍による「航行の自由作戦」は邪魔でしかなく、これがなくなるのであれば、と、トランプ流のディール（取引）に応じたのである。

この日、トランプは、米中首脳会談の時刻に合わせたかのように、国防長官、ジェームズ・マティスに命じ、シリア政府軍を空爆させている。

習近平からすれば寝耳に水の話だっただろうが、筆者はこれもトランプなりの演出ではなかったかと推察している。

シリアのアサド政権の背後にはロシアがいる。シリア政府軍を攻撃するということはロシアをけん制したに等しい。つまり、目の前にいる習近平に、

「きちんと北朝鮮をコントロールしてくれないと、次はあなた方がバックについている北朝鮮がこうなる」

という脅しをかけたのではないかと思うのである。

ただ、習近平にとっては、トランプとの初会談は上々だった。

南シナ海の問題に目鼻がついただけでなく、貿易不均衡に関しても、この時はトランプから厳しい追及はなかった。しかも、シリア政府軍への空爆により、中国が懸念していた「米ロ蜜月関係」に少なからずひびも入った。

これらは、トランプが就任早々、中国が「包囲網を布かれるのでは?」と警戒していた自由貿易の枠組み、TPP（環太平洋連携協定）から離脱してくれたのと同じくらい、「しめた!」と感じたはずだ。

しかし、この感覚は長くは続かない。トランプの「待てない」「周りの言うことを聞かない」「直感で行動する」という厄介な性格が独り歩きし始めたからである。

良好だった米中関係

トランプと習近平は似ていると述べた。加えて言えば、アメリカと中国の間にも意外な共通項がある。

それは、「自分の国がナンバーワン」という強烈なまでの優越意識である。

もちろん、核となる価値観は、アメリカが「自由で民主」であるのに対し、中国は「秩序の維持・厳守」と大きく異なる。

先に述べたように、アメリカ人からすれば、「中国は中国共産党が人民を支配している＝ありえない」「中国共産党が法を超越した力を持っている＝おかしい」「言論の自由を認めない＝許せない」となるのだが、文明を築いてきた功績にプライドを持つ中国と、経済や安全保障、科学技術やスポーツ面などで世界をリードしてきた自負があるアメリカとは、底流をなす意識も酷似しているのだ。

逆を言えば、そんな二つの国だからこそ、地球という惑星に二つの大国が存在することを是とするのか、それは認められないと対立するのか、どちらを選択しても、激しい競争、駆け引きが避けられないのである。

特に、アメリカでトランプがアメリカ大統領を務めた四年間は、習近平指導部による世界覇権への動きが顕在化した期間であった。改めて振り返っておこう。

二〇一五年に中国の主導で正式に発足したアジアインフラ投資銀行（ＡＩＩＢ）は、二〇一六年一月に開業式典を挙行し、トランプが大統領に就任した時点で、加盟国の数は七〇に達した。

二〇一四年に習近平が提唱した「一帯一路」構想も、トランプが大統領に就任して間もない二〇一七年二月、北京で、一三〇を超える国から政府代表団を迎え、国際協力サミットフォーラムという形で大きく動き出している。

国内的には、二〇一七年六月、国内外の個人と組織の監視調査を正当化する「国家情報法」を成立させて、ＡＩを駆使した高度な監視社会国家を作り上げた。

そして、二〇一七年一〇月一八日、中国共産党大会で、「偉大なる習近平」というイメージを確固たるものとし、中国は習近平が治める、アメリカに対抗できる偉大なる社会主義の強国であることを国内外に示した。

これに「待った」をかけたのが、「突然変異」で大統領になったトランプである。

トランプは、自分を支持する層と絶対になびかない層を区別する。そして、支持層を強固なものにするには、アメリカ第一主義を掲げ、アメリカの国内産業に有利な状況を作り出すのが一番だと心得ているビジネスマンであった。

その手法は、「外交」「安全保障」「通商（貿易）」の三分野をセットにして考え、相手に困難な条件を突きつけて譲歩を引き出すというディールである。

戦国武将にたとえるなら、トランプは、前例などお構いなく、利益があると見ると、独断で「従わなければ焼き討ちするぞ」と脅しをかける織田信長型。対する習近平は、まず領土を固め、財力と武力を養い、周辺の小中の大名に次々と施しを与えて味方に引き入れながら、天下が獲れる機会をうかがう徳川家康型と言えるかもしれない。

その点で、二人には異なる部分もあるのだが、当初は対立していなかった。

トランプが初めて参加した二〇一七年七月七日のドイツ・ハンブルクでのG20サミットで、トランプは、

「中国は重要な貿易相手国であり、習近平国家主席と良好な関係が築けて嬉しい」

とまで語っている。一方、習近平も、二〇一七年一一月八日、トランプ夫妻を国賓級で北京に迎えて歓待し、アメリカへの投資やアメリカ製品輸入で日本円にして二八兆円を超える商談に応じてトランプに花を持たせている。

この頃までは、二人の共通項が異なる部分を上回っていたのである。

デカップリングと貿易戦争

これはあくまで憶測だが、当初、習近平はトランプを与しやすい相手と見ていたのではないだろうか。

ハンブルクでのG20サミットの前月、トランプは一方的に「パリ協定」から離脱し、ドイツやフランスを落胆させていた。

G20サミットへの出席自体、「集団での会議には意味がない」などと参加を渋り、いざ始まれば、メルケルが主催するランチをキャンセルしてプーチンと会談をしたり、大統領補佐官に就任させた娘のイヴァンカを、アメリカ大統領席に座らせてみたりと、外交の大舞台のルールを平気で踏み荒らす姿からは、「国際協調」の姿勢が微塵も感じ取れなかったからだ。

むしろ、サミットの場で「パリ協定」や開かれた世界経済を推進することを約束した習近平のほうが、「世界の新盟主」として映ったはずだ。

中国英字紙チャイナ・デーリーは、こうした姿勢が、「習氏の評価を光り輝かせた」と記述している。

ただ、その年の一一月、ベトナムの保養地・ダナンで開かれたAPEC首脳会議と、直後に開かれたフィリピン・マニラでの東アジアサミットを契機に、トランプの習近平に対する姿勢がしだいに変わっていく。

トランプとの首脳会談を終えてダナン入りした習近平は、「一帯一路」をアジア太平洋地域にも拡大する構想を示した。

こんなことが実現してしまうと、アメリカのアジアにおけるプレゼンスは低下する。東シナ海や南シナ海はおろか、太平洋まで中国の海になりかねない。

トランプが東アジアサミットの会議をドタキャンして帰国の途に就いたのは、アジアの盟主から世界の盟主となりつつある習近平への強い不満が原因だった。

トランプ政権は、その年の一二月に公表した国家安全保障戦略（NSS）において、中国をロシアとともにアメリカの国益と国際秩序に挑戦する修正主義勢力と位置づけ、対中政策を抜本的に見直すことを明らかにした。

そして、翌年の二〇一八年になって、トランプは中国で製造され安く売られている鉄鋼製品に目をつけ、「高い関税をかける」と言い始めた。

大統領になる以前から「中国が我々の雇用を奪っている」として米中間の貿易不均衡を問題視してきたトランプは、最大の貿易赤字相手国に対し、本格的なデカップリング（中国締め出し）に着手したのである。

デカップリングの最もシンプルな方法は、輸入品に高い関税をかけることだ。

そうすれば、輸入品価格が上がり国内消費に影響が出るが、相手国にも大きな打撃とな

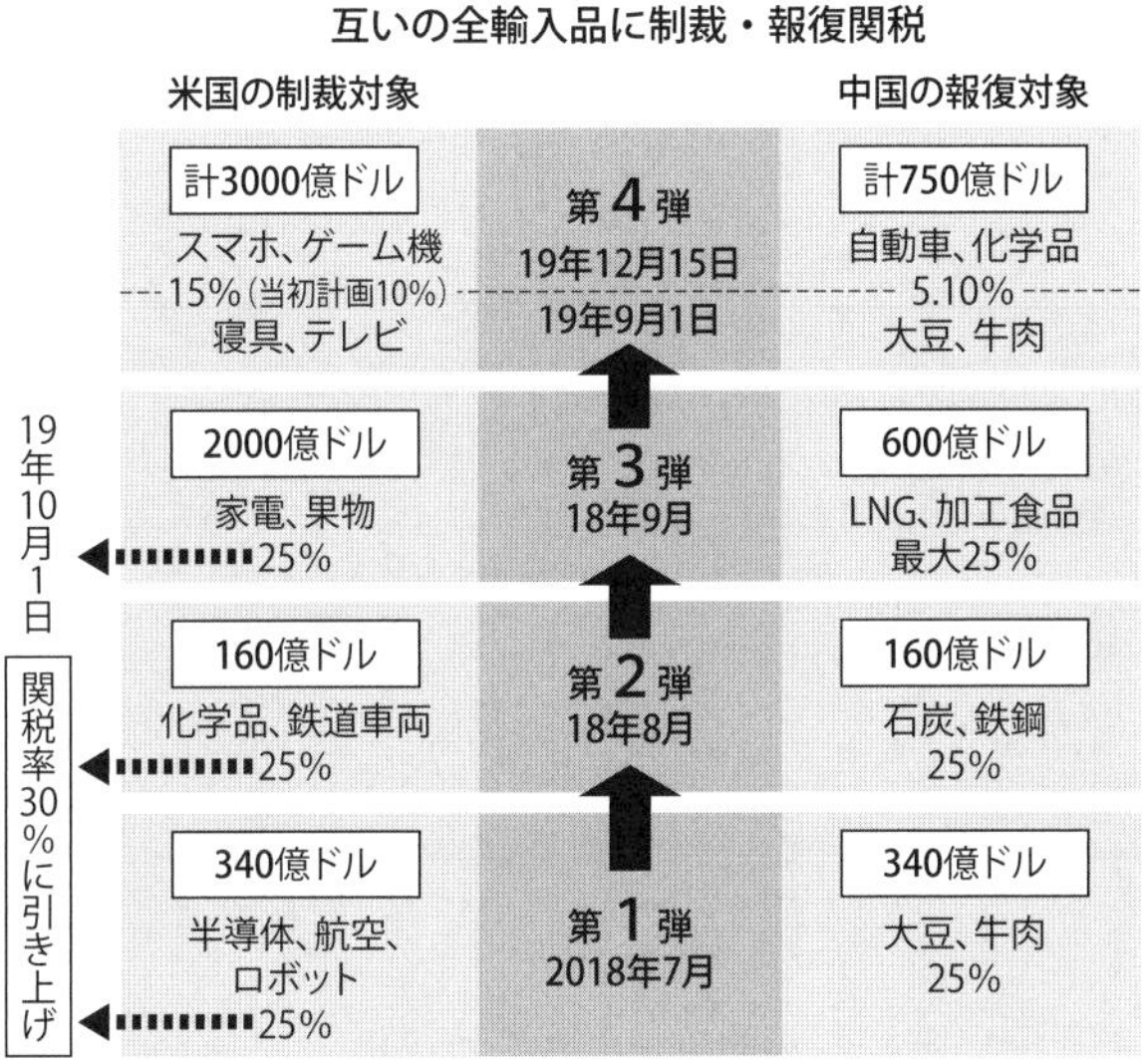

出典：時事ドットコム（2019年9月1日）

る。

トランプは物価高になるのを承知で、上図のように、相次いで中国からの輸入品に関税をかけ、習近平指導部に貿易制裁、もっと言えば、貿易戦争を仕掛けたのである。

この背景には、安全保障の問題があることも忘れてはならない。

敵視政策への転換と出口なき米中戦争

トランプ政権が対中政策の見直しに舵を切り、幾度となく制裁関税を実施したのは、単に保守的で保護主義的な見地からだけではない。

一つは、中国の力がアメリカの脅威となるほど大きくなったこと。二つめは、中国が外交や軍事面で高圧的な態度を見せ始めたこと。そして三つめが、アメリカ国内で中国嫌いの空気が醸成されてきたことだ。

これらのうち、中国の力や高圧的な態度に関しては、トランプ自身が、習近平の言動を目の当たりにし、ブッシュ政権やオバマ政権までの「中国だって豊かになれば何かと変化するだろう」という考え方では抑えられないとの思いを強くしたからにほかならない。

また、対中感情について、アメリカのシンクタンク、ピューリサーチセンターの調査で、中国に対して悪い印象を持つアメリカ人の割合が、習近平が実権を握るようになった二〇一三年を境に増え続け、二〇一九年には六〇%と過去最悪の水準に達したことも、再選を目指していたトランプの背中を押したと思われる。

さらに大きな要因となったのが、安全保障上の問題である。

二〇一八年一二月五日、中国の通信機器大手、ファーウェイの副会長、孟晩舟がカナダで逮捕される事件が起きた。ファーウェイの関連会社を通じて制裁下のイランの通信会社と取引した際に、アメリカにある複数の金融機関に虚偽の説明をしたという容疑によるものだ。

その後、トランプ政権は、国内の企業に対し、許可なくファーウェイに半導体とかソフトウェアの部品などを売ってはいけないという決定を出している。

「中国の大手通信機器メーカーがアメリカの最先端技術や軍事機密、さらには個人情報も盗み取っている」

というのがその理由である。

筆者もその年、ニューヨークにいたが、ファーウェイの機器には、情報を盗み取るためにスパイウェアが仕掛けられているとか、機密情報を窃取するためバックドアを仕込んであるとのうわさが絶えなかった。

逮捕された孟晩舟は、ファーウェイの創始者、任正非の長女である。

任正非は、かつて中国軍に所属していた人物で、除隊後にファーウェイを立ち上げ、世界一の通信機器メーカーにまで成長させた元軍人である。

当然ながら中国軍とは関係が深く、現代の戦争に必要な通信能力の向上、そして情報戦やサーバー戦に不可欠な技術力のアップに貢献してきた企業であり、中国の監視国家化を手助けしてきた企業とも言われている。

トランプ政権は、これを厳格に取り締まることで、アメリカの先端技術や個人情報が中国共産党にだだ漏れになるのを防ごうとした。

さらに、ファーウェイは、今や次世代通信規格「5G」で世界一の企業であるため、これを叩くことで、「科学技術強国」を掲げる習近平指導部に一歩先んじることができると考えたのである。

さらにトランプ政権は、ファーウェイだけでなく中興通訊（ZTE）も市場から締め出し、人気の動画共有アプリ「TikTok」を運営するバイトダンス、SNS「ウィーチャット」を運営するテンセント、監視カメラで世界一位のシェアを誇るハイクビジョンなど、中国の大手IT企業五社のサービスや機器を使用することを禁止した。

これは、「国防権限法」という法律に基づくものだ。

「国防権限法」とは、アメリカの国防予算の大枠を決めるために議会が毎年通す法律で、当時の法律には、中国に情報や技術が流出するのを防ぐため、輸出規制を強化し、投資に関しても審査を厳しくする策が数多く盛り込まれていた。

トランプ流の中国に対するデカップリングは、ヒューストンにある中国総領事館閉鎖にまで発展する。中国がここを拠点に、アメリカから石油・天然ガス産業に関する情報を盗んでいたというのが理由である。

これらの動きは、トランプによる中国敵視政策とも言えるものだ。

二〇二〇年五月二〇日、トランプ政権が発表した「中国に対するアメリカの戦略的アプローチ」（United States Strategic Approach to the People's Republic of China）と題した一六頁

に及ぶ報告書には、

「中国の挑戦に対抗するため、トランプ政権は中国への競争的なアプローチを採用した。我々の目標は、アメリカの核心的な国家利益を守ることだ」

との文言が躍り、外交が無益だと判断すれば、中国政府への圧力を強め、「アメリカの利益を守るための措置を取る」と警告している。

興味深いのは、ここでも「核心的利益」という言葉が出てくる点だ。

バイデン政権になっても、対中強硬路線は引き継がれ、ファーウェイなどに引き続き規制がかけられ、中国軍と関係が深い企業への投資も禁じられている。

アメリカと中国、ともに「核心的利益」を守るための戦いは出口が見えない。

存在感を示したトランプ

トランプは、「突然変異」の大統領ではあったが、対中政策に関して決してバカではなかったというのが筆者の率直な評価だ。

トランプは、アメリカ単独ではあったが、中国へのデカップリングに踏み切り、新たな対中戦略をまとめ、同時に、台湾に関しても、大統領としてのイニシャティブを発揮している。

◆トランプ時代の米台関係

・蔡英文との電話会談＝大統領選挙に勝利してまもなく蔡英文から電話を受け、国交断絶後初めてのトップ会談を実現。中国を驚かせた。
・国防授権法の成立＝アメリカ艦船の台湾への定期的な寄港に道を拓いた。
・台湾旅行法の成立＝閣僚など双方の高官級の交流を規定。
・台北にアメリカ台湾協会事務所を設置＝領事館的な役割。落成式には蔡英文も出席しスピーチ。
・国防権限法に署名＝台湾の軍事力増強を提言。第一二五八条で台湾との安全保障に関する連携強化も盛り込んだほか、共同軍事訓練の促進も明記。

さらに、トランプは、二〇一八年一二月三一日、「アジア再保証イニシャティブ法」（ARIA）を成立させ、この中でも、台湾の安全保障への支援や武器売却を盛り込んでいる。そのうえで、一九八二年のレーガン政権時代に打ち出された「台湾への武器売却に関し、中国と事前協議を行わない」などとする「六つの保証」を継続する立場を明らかにし、ARIAによって法制化したのである。

対中政策で言えば、二〇一九年に成立させた「香港人権・民主主義法」や「香港自治法」、それに「ウイグル人権法」などは、連邦議会の対中強硬派が起草し、トランプが署名し成立させている。

つまり、トランプは、国際社会からは不安と落胆のまなざしで見られる機会が多い大統領ではあったものの、中国、そして台湾については十分に存在感を示した大統領だったのである。

一方、バイデンは、価値観を同じくする民主主義国家を結集し、コンソーシアム的な形を整えることには成功した。

しかし、中国は、明らかな戦闘に踏み切る前に、何年もかけて自分たちに有利な状況を作り出そうとする国で、その分、警戒が必要になる。

「一帯一路」もアジアインフラ投資銀行も、新型コロナウイルス感染拡大を利用したマスク外交やワクチン外交も、そして、二〇二二年二月の北京冬季オリンピックでさえも、中国の優位を作り出すために何年もかけて練られたものだ。

ニクソン政権で国務長官などを務めたヘンリー・A・キッシンジャーは、著書『キッシンジャー回想録 中国』（岩波書店）の中でこう述べている。

中国の指導者が、一度きりの全面衝突で決着をつけようとすることは、めったにななかった。西洋の伝統は、明確な武力衝突を重んじ、英雄的な行為を評価するが、中国の理想は、相対的優位をさりげなく、間接的に、辛抱強く積み重ねることだ。（筆者抜粋）

バイデンの役割は、民主主義国家を総動員して、中国への抑止力となることだ。ただ、軍事力ではアメリカに依存し、経済では中国と関係が深い国が多いため、いざとなると有効な手が打てず、その間に中国の優位性が高まるリスクもある。

台湾を守るなら北朝鮮抑止

トランプは、二〇一八年から翌年にかけて、三度にわたる米朝首脳会談で、北朝鮮の脅威をひとまず取り去ることに成功した。

北朝鮮は、核を搭載できる大陸間弾道ミサイルの開発がアメリカ本土防衛に脅威となるだけでなく、台湾有事となれば、中国の扇動などによって、アメリカ軍や自衛隊を引きつけるため、何らかの行動を起こす危険性が指摘されてきた。

中間選挙を前に支持率向上を図りたいトランプと、国連などによる経済制裁に苦しみ、大掛かりな米韓軍事演習でその力を悟った金正恩が、第三国であるシンガポールで史上初の首脳会談に臨んだのである。

筆者は、二〇一八年六月一二日、観光名所、マーライオン公園から徒歩圏にあるプレスセンターに詰め、セントーサ島のカペラ・ホテルで、トランプと金正恩が握手を交わす瞬間をラジオで中継レポートした。

プレスセンターには各国のメディアがブースを構えており、筆者は、韓国、アメリカ、ロシアなど様々な国の記者に、「会談をどう見たか？」とインタビューしてみたが、台湾の有力紙「中国時報」やテレビ局の「台湾電子公司」の記者だけが、

「北朝鮮の核・ミサイル開発が収まれば、アメリカは中国に集中できる」

などとコメントしてくれたのが印象に残っている。

北朝鮮の朝鮮労働党委員長、金正恩は、トランプが就任した当初は様子見をしていたものの、強硬路線で挑んでくると見るや、二〇一七年には、中距離弾道ミサイルの「北極星2号」や大陸間弾道ミサイルの「火星14」など、実に一六回もの発射実験を実施してアメリカを挑発した。

「ロケットマン！」

二〇一七年九月一九日、トランプが初めて臨んだ国連総会の一般討論演説で、金正恩を

こう呼び、「完全に破壊してやる」と脅しをかけたことは記憶に新しい。

金正恩も、朝鮮労働党機関紙「労働新聞」に声明を出し、トランプを「チンピラ」「クソじじい」と呼ぶなど、「子どもの喧嘩か?」と思うような応戦をしている。

金正恩は後ろ盾であるはずの習近平の忠告も聞かず挑発を続け、トランプもまた、北朝鮮を「仮想敵国」に見立てて場外乱闘を繰り広げたのである。

二〇一七年一一月二九日、北朝鮮が「火星15」というアメリカ本土が射程に入る大陸間弾道ミサイルの発射実験を行ったことで、両者の緊張は一気に高まった。

その一方で、金正恩は、ずっと北朝鮮に秋波を送り続けてきた韓国大統領、文在寅と秘密裏に交渉を進め、韓国が巨額の外貨(二億ドルとの説がある)を支払うことで、翌年、平昌冬季オリンピックへの北朝鮮の参加が決まる。

そうなると、南北対立や米朝対立は一気に融和ムードに変わり、南北首脳会談、そして米朝首脳会談へとつながっていったのである。

その後、トランプ政権下で、北朝鮮はアメリカ本土が射程に入るようなミサイルの発射実験は行っていない。

シンガポールで台湾メディアの記者が筆者に語ったように、シンガポール、ハノイ、そして板門店と三度も行われた会談を経て、北朝鮮はアメリカの「仮想敵国」から外れ、代わりに中国がそのポジションに入ってきたのである。

しかし、バイデン政権になって米朝関係は再び悪化している。金正恩は「対話と対決、共に備えよ」と言い始め、再びアメリカが敵視政策に出るのかどうかを見極めようとしている。そのために挑発行為に出ないとも限らない。核施設を再稼働させ、軍備を拡充する動きも見られる。

アメリカが台湾を守り切ろうとするなら、北朝鮮は現状のまま据え置くことが肝要だ。挑発は柳に風と受け流し、むしろ人道支援を行うなどして飼い馴らし、台湾有事の際、第七艦隊の一部を日本海に割かずに済むよう気を配るべきである。

動けない在韓米軍と韓国軍

トランプと金正恩による三度の米朝首脳会談では、金正恩のほうが得たものがはるかに多かった。

◆米朝首脳会談（シンガポール、ハノイ、板門店）で北朝鮮が得たもの
- 金正恩体制の保全＝アメリカ軍による先制攻撃の可能性が極めて低くなった。
- 完全で検証可能かつ不可逆的な非核化の曖昧化＝ハノイ会談で、北朝鮮の非核化

へ向けた具体的な措置とその見返りをめぐる合意ができなかった。アメリカは、北朝鮮が保有する全ての核をなくすことが目標だったが、北朝鮮は老朽化した寧辺の施設の査察や廃棄のみ提案し物別れに終わった。

・朝鮮半島の完全な非核化で合意＝「北朝鮮の非核化」ならともかく、「朝鮮半島の非核化」は、韓国に駐留するアメリカ軍を撤退させ、韓国をアメリカの核の傘から外すことを意味する。

・融和ムードの醸成＝米朝首脳会談や南北首脳会談によって、国際社会の北朝鮮への制裁が甘くなってしまった。

筆者なりの評価をまとめてみたが、トランプ政権が目指した北朝鮮の早期の非核化は、二回目のハノイ会談で具体的な合意事項がなかったことから絶望的となり、日本や韓国にとって脅威となる核兵器や短・中距離ミサイルは、現在も北朝鮮が保有したままだ。

この状態で、台湾有事が発生すれば、中国は北朝鮮をけしかけ、日本や韓国の近海にミサイルを発射させるなどして、背後からの揺さぶりを試みるはずだ。

そうなると、韓国に駐留するアメリカ軍はもちろん韓国軍自体も釘づけとなり、台湾の支援や中国のけん制に兵力を割く余裕はなくなる。

さらに言えば、これまでしばしば健康不安説が取り沙汰されてきた金正恩が死去し、北朝鮮国内で後継者争いや権力闘争が生じた場合、暴走した朝鮮人民軍が捨て身で韓国や日本、それにグアムを攻撃したり、中国が中朝国境の不安定化を恐れて、北朝鮮周辺に大規模な部隊を展開したりする可能性が生じる。そうなれば、やはり在韓アメリカ軍や韓国軍は、それらへの対処で手一杯になってしまうだろう。

つまり、アメリカ対中国、それも台湾をめぐる戦いを考えたとき、北朝鮮の核やミサイルが温存されている現状では、在韓アメリカ軍や韓国軍は、ほとんど役に立たないということだ。

もう一つの懸念は韓国大統領である。

韓国歴代の大統領の中で、文在寅ほど北朝鮮寄りの大統領は存在しない。

文在寅は、二〇一八年四月二八日、金正恩が北朝鮮の最高指導者として初めて南北境界線を越えた板門店での南北首脳会談以降、三回に及んだ会談を通じて北朝鮮の思いを国際社会に向けて代弁し、北朝鮮への制裁緩和には前向きな反面、アメリカとの合同軍事演習には消極的な姿勢を見せてきた大統領だ。

二〇一八年七月二七日、韓国国防部がまとめ文在寅が承認した「国防改革2・0」では、韓国軍の兵力六一万八〇〇〇人を、二〇二二年までに五〇万人に減らす（それも陸軍のみ）

ことが明記された。

また、それに伴い、最前線を守る師団数を一一個師団から九個師団に削減すること、そして、徴兵制による兵役の期間も、陸・海・空それぞれ二か月から三か月短縮することも盛り込まれた。

文在寅からすれば、南北首脳会談での合意（板門店宣言）に沿う形で、軍事的な緊張緩和を実現させようとしたわけだが、これでは大幅な戦力ダウンである。

中国に対しても、アメリカと中国が激しく覇権を争う中、アメリカに肩入れすることを避けてきた。

それもそのはず、韓国にとって中国は大切な貿易相手国で、GDPの約四〇％を占める輸出のうち、二五％前後が中国向けだ。

その韓国が、アメリカ陸軍が開発した地上配備型迎撃システム（THAAD）を配備した際には、中国が激怒し、北京や上海で韓国製品がさっぱり売れなくなり、ソウルからも中国人観光客がごっそり消えるという憂き目を味わっている。

安全保障はアメリカに頼りながら、経済では中国にべったりという構造が、韓国の、特に東アジアにおける外交の脆弱さを露呈させてしまったのである。

二〇二一年五月二一日、バイデンは文在寅と対面で会談し、対北朝鮮について「現実的な措置を通じて非核化をめざす」、また台湾問題に関しても「台湾海峡の平和と安定が非常に重要」との認識で一致した。

しかし、筆者は、アメリカの韓国への疑念は拭い切れていないと見ている。

文在寅政権では、元徴用工問題や慰安婦問題などをめぐって日韓関係も最悪のレベルにまで悪化したが、二〇二二年三月の次期大統領選挙以降、新たな大統領の下、日米韓の強固な関係が構築されなければ、対北朝鮮はもとより、対中国での足並みも揃わなくなって、習近平だけがほくそ笑むことになる。

気候変動問題も米中対立のリスク

バイデン政権になっても、中国を「仮想敵国」と見なす政策が継続される中、バイデンが政権の最重要課題として掲げる気候変動問題の進展だけは、世界最大の温室効果ガス排出国、中国の協力が欠かせない。

バイデンが大統領特使のポストを新設し、「パリ協定」の締結を主導した元国務長官、ジョン・ケリーを起用し、他の問題とは切り離して、中国を含めた諸外国と協議を始めたのは、看板政策で実績を上げ、レガシーとするためだ。

二〇二一年四月一七日、米中両政府はケリー特使の訪中を受け、地球温暖化防止に向け

「互いに協力していく」とする共同声明を発表した。

その前日、バイデンはホワイトハウスに招いた菅義偉に対し、台湾問題も含め中国に対して厳しい姿勢で臨む姿勢を示したばかりだったが、そこは老練な政治家である。この問題では中国と協力し合う「二刀流」の構えを見せた。

一方、習近平も、気候変動問題に取り組まなければ国際社会から冷めた目で見られることを十分理解しているため大人の対応を取った。

その翌週、四月二二日にオンラインで開催された気候変動サミットには、習近平も参加し、二〇二六年から二〇三〇年の石炭消費量をその前の五年間、つまり、二〇二一年から二〇二五年の水準から段階的に削減する方針を明らかにした。

しかし、気になるのは、サミットの直後、中国外相の王毅が、

「協力できるかどうかは、中国の内政問題に干渉するかどうかにかかっている」

と示唆したことだ。

前任のトランプは習近平との会談で、北朝鮮のミサイル問題を持ち出し、

「中国が北朝鮮を抑えてくれれば、たいていのことは目をつぶる」

といったディールを続けてきたが、中国側もそれに倣い、バイデンの時代になってディールを持ちかけているように思える。

習近平の御代は長い。一方のバイデンは一期四年で終わるかもしれない。

バイデンが実績を上げようと急げば、気候変動問題に協力する見返りに、中国は、内政問題と位置づけるイシューについて棚上げを図ろうとするかもしれない。

アメリカ側は、台湾問題などで妥協することはないとしているが、そうなると中国の協力は形式的なものに終わる。地球温暖化に歯止めがかからないばかりか、台湾海峡もこれまで以上にホットな場所になりかねない難しさを抱えている。

アメリカの先制攻撃はあるか

アメリカは近年、貿易問題では経済制裁を仕掛け、気候変動問題では協力を要請し……と、中国に先んじて行動を起こしてきた。では、安全保障面ではどうだろうか。

アメリカと中国との軍事的な緊張が高まりそうな火薬庫は三つある。

本書のメインテーマである台湾、日本固有の領土である尖閣諸島、そして南シナ海である。

このうち、これまでに一触即発の危機を何度も引き起こしてきた台湾をめぐって、アメリカが先制攻撃をかける可能性はあるのだろうか。

結論としては「まず、ない」と見ている。

その理由の一つは、バイデンが中心となって結集した民主主義国家、いわゆるバイデンコンソーシアムが、あくまで中国に好き勝手をさせない抑止力を目指している点だ。

アメリカが各国との会談で中国脅威論を持ち出し、日本や韓国などにアメリカ製の武器を買わせているのは、アメリカの軍需産業を活気づける意味ばかりでなく、中国に「我々はタッグを組んでいるよ。事を構えるなら代償は高くつくよ」とメッセージを送る意味もあるのだ。

さらに言えば、国内外対策だ。

トランプが断ち切った国際社会との協調体制を再構築するには、各国で共有できる懸念＝中国を持ち出して結束することが手っ取り早い。

民主・共和の勢力が拮抗する連邦議会対策においても、党派を超えて深刻な懸念を共有する相手＝中国との対決姿勢を見せておいたほうが、新型コロナウイルス対策や景気対策などを推進していくうえで理解が得やすいという側面もある。

もう一つは、イラク戦争やアフガニスタン戦争の泥沼化で、アメリカ全体が厭戦気分になってしまっている点だ。

香港のケースがそうだが、アメリカが口を出せば、中国は決まって「これは中国の内政問題だ」と反発する。それは台湾でも同じである。

そのアピールが続く中、アメリカが先手を打って台湾海峡に派兵した場合、アメリカ国民の多くは、

「またよその国の問題に軍隊を送るのか……」

「巨額の戦費がかかり、多くの死傷者が出る……」

という気分にかられ、世論は「戦争反対」に傾くため、中間選挙や次期大統領選挙にも悪影響を及ぼしかねなくなる。

一方の中国も、ここ数年の習近平指導部の動きを見る限り、サイバー能力を含めた軍事力を強化する一方で、国際社会との経済関係を強化して中国への依存度を強くさせ、さまざまな面で中国に協力するよう仕向けている。「中国が言うのであれば仕方がない」と思わせるような優位性を作り出すことに血道を上げている。

台湾が独立の動きを見せれば話は別だが、その可能性が低い限り、すぐさま米中軍事衝突となるリスクは極めて低いのが実情だ。

ただ、過去に中国が関わった戦争を見ると、前述したとおり、中国が先に手を出しているケースが多い。対してアメリカは、太平洋戦争にしてもイラク戦争にしても、相手に仕掛けさせ「報復」という形で戦争を始めている。

太平洋戦争では、直前に日本を封じ込め、真珠湾奇襲攻撃に踏み切らせ、イラク戦争で

も、九・一一同時多発テロのあと「大量破壊兵器がある」と一方的に見なして空爆に踏み切っている。

こうした歴史を見る限り、軍事衝突が起きるなら、中国が何らかの動きを見せ、アメリカが即応するパターンが最も考えやすいのである。

とはいえ、戦争は山火事のようなものだ。放火など故意によるものよりもタバコの火の不始末といった、些細で偶発的な要因から生じ拡大する。

たとえば、一九九五年から翌年にかけての第三次台湾海峡危機だ。

前述したように、台湾総統の李登輝訪米に反発した中国が、実験と称して台湾沖でミサイル発射を繰り返し、これに即応したアメリカが、「インディペンデンス」と「ニミッツ」の二つの空母群を現地に派遣し、軍事的緊張が一気に高まる事態となった。

このときは、双方がエスカレートすることなく終息したが、中国軍が発射したミサイルがアメリカ軍の駆逐艦にでも命中するようなハプニングでもあれば、全面衝突になる危険性はあった。それと同じことが今後も考えられるのである。

尖閣諸島問題でも同じだ。武装した中国漁船が尖閣諸島に迫り、海上保安庁の巡視船と小競り合いになったりするケースだ。

中国側は漁船団を守る名目で海警局の艦船が繰り出し、海上自衛隊やアメリカ海軍と対峙する中で撃ち合いに発展するような事態が起きないとも限らない。

アメリカは、台湾関係法によって「台湾を守る」としていて、尖閣諸島に関しても対日防衛義務を定めた日米安保条約第五条を「適用する」と言い続けている。

その点では、アメリカが先制攻撃に踏み切る可能性はほとんどないが、何か一つきっかけがあれば、一気に有事に発展する恐れは十分にあると筆者は見る。

【本音のコラム⑤】海外取材は通訳しだい

海外支局勤務のケースはさておき、海外取材に出張で出かけた場合、成否の鍵を握るのが通訳である。ラジオの場合、取材は一人で行く。それだけに、通訳がサービス精神がある人かどうか、機転が利く人かどうかで全然違ってくるのだ。

二〇一二年、朴槿恵が勝利した韓国大統領選挙では、ソウルに到着し通訳と打ち合わせをしていると、すぐ目の前で朴候補が演説を始めるハプニングに遭遇した。そのとき、通訳は咄嗟に自身のスマホで録音・録画し、私の職場のパソコンにメール送信をしてくれたため、いきなり良い中継レポートができた。

二〇一六年のアメリカ大統領選挙でもフジテレビ出身の現地コーディネーターが的確で、事前に民主・共和両党の様子がよくわかる人をブッキングしてくれたため、効率的でバランスの良いインタビュー取材になった。

一方、湾岸戦争では、一日五回の礼拝時間に連絡なく姿を消してしまう通訳、ボスニア紛争では、契約した時間どおりに帰る通訳に当たってしまい、「現地の新聞に何が書いてあるかもわかんないよー」と往生したこともある。

そのせいか、現地に着いて通訳やコーディネーターと初顔合わせをするときは、毎回、「吉」か「凶」か、おみくじを引くような気分になる。

第六章　指導者なき日本の安全保障

有事にも場当たり的な宰相

「イラクにはフセインがいる。サウジアラビアにはファハドがいる。シリアにはアサドがいる。しかしエジプトにはムバラクしかいない」

これは、筆者が、一九九一年一月、湾岸戦争の取材でヨルダンの首都アンマンに赴き、戦火が激しくなったため、エジプト・カイロに取材拠点を移した際、現地の有力紙「アル・アハラーム」で風刺画とともに目にした言葉である。

中東諸国にはそれぞれ、ひと癖もふた癖もある指導者がいるにもかかわらず、エジプトには有能な指導者がいないことを嘆いた記事であった。

同じことが、東アジア情勢が大きく変化する中で、日本にも当てはまるのではないだろうか。

アメリカには老練なバイデン、中国には「核心的利益」の確保に向け着々と手を打つ習近平がいる。ロシアには「北の皇帝」プーチン、そして北朝鮮には、あのトランプに「なかなかの切れ者」と言わしめた金正恩と、腹芸もできる役者が揃う中、影が薄いリーダーを担いでいるのは日本と韓国くらいである。

日本は、一九九五年一月、阪神・淡路大震災に見舞われ、二〇一一年三月には東日本大震災と福島第一原発事故に直面した。そして、二〇二〇年初頭からは新型コロナウイルスという得体のしれないウイルスとの戦いを余儀なくされている。

こうした日本の基盤を揺るがしかねない出来事が発生したときに限って、村山富市、菅直人、菅義偉と、いずれも指導力が乏しく、国民から信頼されていない総理大臣が政権を担っていたという点は、不幸な巡り合わせと言うほかない。

もっとも、新型コロナウイルスの感染拡大は安倍晋三政権下で生じたものだ。

安倍時代も、国民に配布した「アベノマスク」が不評を買い、「国民への一〇万円支給」「時短要請に応じた店舗への協力金」「中小企業への持続化給付金」などの遅れ、それにPCR検査体制の遅さや水際対策の甘さが指摘され続けてきた。

一つ弁護するなら、未曽有のウイルスに対して、欧米や中国に比べれば、感染者数を抑制できていた点では「最悪の対応」とまでは言えない。

しかし、後を引き継いだ菅の場合は、緊急事態宣言を出しては解除し、変異株の出現で再び感染者が急増すると、遅れて宣言を出すという対応に終始した。

記者会見で報道陣から相次ぐ「感染が再拡大したらどうするのか?」の問いに、「仮定の質問にはお答えできない」「明かりは見え始めている」などと返す菅の答弁には、危機管理の常道である、常に先を読みながら手を打つという姿勢が露ほども感じられなかった。

「菅さんに電話を入れて、『緊急事態宣言を延長したほうがいい』と話したら、『まだ感染者の数がどうなるかわからないじゃないか』と逆ギレされたよ」

筆者にこう語ったのは、テレビ朝日系『報道ステーション』で長くコメンテーターを務めてきた政治ジャーナリスト、後藤謙次である。

この菅と後藤のやりとりは非常に重要だ。なぜなら菅は本質的に結果が出てから動くタイプの政治家であることを如実に物語っているからだ。

菅は安倍政権の官房長官として課題を認識していたにもかかわらず対策が後手に回り、国民に「なぜやるのか？」という説明もないまま東京オリンピックの開催を強行した。その結果、爆発的とも言える感染第五波を招いたことは万死に値すると言わざるをえない。

その菅は、二〇二一年九月三日、自民党総裁選挙に不出馬、つまり事実上の退陣を表明した。新型コロナウイルス対策への失敗から、同年夏の東京都議会議員選挙や横浜市長選挙で敗北したこと、総裁選挙の前に衆議院の解散を画策したことなど、自民党内に「菅離れ」を生じさせた理由はいくつもある。

しかし、菅退陣の最大の要因は、先を読んだ対策を打つことができず、国民への説明責任も果たせなかったことにある。

退陣表明翌日の朝日新聞は「説明を尽くさぬ姿勢、限界に」と解説記事を掲載し、論調が政府寄りの読売新聞ですら「説明尽くす姿勢見えず」と断じている。

ただ、菅の退陣表明を受けて実施された自民党総裁選挙で、新型コロナウイルス対策や経済政策のほかに、安全保障が論点となった点には注目したい。

外務大臣時代、親中派と見られてきた岸田文雄は、筆者の取材に、中国に備え、ミサイル防衛能力の向上、海上保安庁や自衛隊に新たな権限を与える法整備の必要性に言及した。

前総務大臣の高市早苗は、「領土、領海、領空を守る」と述べ、中国への技術流出にも深い懸念を示した。また、過去に外務大臣や防衛大臣を歴任してきた河野太郎も、サイバー戦などグレーゾーン事態への対策強化を明確に打ち出した。

中国が動くなら、全領域戦と呼ばれる手法で台湾や尖閣諸島を獲りに来る。新たな政権には、目に見える動きが生じる前に手を打つ、そして国民に説明する姿勢を期待したい。

自助では守れない尖閣諸島

二〇二〇年九月一六日、安倍の後を引き継いだ菅は、基本政策として、「自助、共助、公助」を打ち出した。これは、

「自分でできることはまず自分でやってみる。そして、地域や家庭でお互いに助け合う。その上で、政府がセーフティネットでお守りする」

というものだ。

その後には、「雇用を確保、暮らしを守る」や「活力ある地方を創る」、それに「国益を守る外交・危機管理」といった六項目が続く。

「自助が最優先」という精神は理解できるが、それだけではうまくいかない。特に外交や安全保障では共助や公助が不可欠になる。

ワシントンDCにあるCSBA（戦略予算評価センター）の上席研究員で東アジアの軍事情勢を調査しているトシ・ヨシハラは、二〇二〇年五月一九日、「中国による日本の海軍力観」（Chinese Views of Japanese Seapower）を公表した。ネットでも読むことができるこのレポートは全六章から成る。

この中で、ヨシハラは、次のように指摘している。

> 過去一〇年間で、中国海軍は、艦隊の規模、総トン数、火力等で、海上自衛隊を凌駕した。今日の中国の海軍力は一〇年前とは比較にならない。中国海軍に対する従来の楽観的仮定はもはや維持不可能。
>
> 日本と中国の力の差は放置しておくと、五年、一〇年先にはさらに拡大する可能性があり、ワシントンと東京（日米の安保担当者）に、中国の挑戦に対する早期の警戒

と迅速な対応、海軍のバランスの回復を求める。（抜粋）

ヨシハラは、ここ数年、年間で二〇兆円を超える国防費を投入し、軍事力を増強させてきた中国とそうでなかった日本の差を見事に指摘している。

経済力が増せば中国は考え方を変えるとか、グローバル化が進めば国家の重要性が薄れ紛争は減るなどと楽観視してきたことが、今、軍事力の差となって表れていることに強く警鐘を鳴らしているのである。

とはいえ、年間五兆三〇〇〇億円を超える防衛費を一気に増額するわけにはいかない。そうなると、自助では尖閣諸島や台湾海峡のシーレーンは守れず、アメリカという共助、バイデンコンソーシアムという公助にすがるしかないのである。

進んだ南西シフトと法整備

日本が中国に対し、通常戦力で優位だった時代は過ぎ、日本単独で中国に対抗することは不可能となった。それでも手をこまねいているわけにはいかない。

軍事的な側面から見ていこう。

「令和2年版 防衛白書」には、中国の動向について、

「作戦遂行能力の強化に加え、中国は、既存の国際秩序とは相容れない独自の主張に基づき、東シナ海をはじめとする海空域において、力を背景とした一方的な現状変更を試みるとともに軍事活動を拡大・活発化させている」

「尖閣諸島に関する独自の主張に基づくとみられる活動をはじめ、中国海上・航空戦力は、尖閣諸島周辺を含むわが国周辺海空域における活動を拡大・活発化させており、行動を一方的にエスカレートさせる事案もみられるなど、強く懸念される状況となっている」

といった記述が見られる。そのうえで次頁に示す南西諸島の地図が掲載され、二〇一六年以降、新たに配備された自衛隊について説明がなされている。

ソ連に備えていた冷戦時代とは一線を画す、中国に備えた南西シフトである。

二〇一六年、台湾にほど近い沖縄県の与那国島に陸上自衛隊の駐屯地が設置されたのを皮切りに、南西シフトが一気に進んでいる。

中でも注目されるのが、陸上自衛隊のミサイル部隊の配備である。

二〇一九年に第三〇一地対艦ミサイル中隊が奄美大島の瀬戸内分屯地に配備されたのをはじめ、二〇二〇年には沖縄県の宮古島に第三〇二地対艦ミサイル中隊が置かれた。

そして、二〇二三年頃には石垣島に地対艦ミサイル部隊、地対空ミサイル中隊が配備される見込みである。

九州・南西地域における主要部隊新編状況（2016年以降）（概念図）

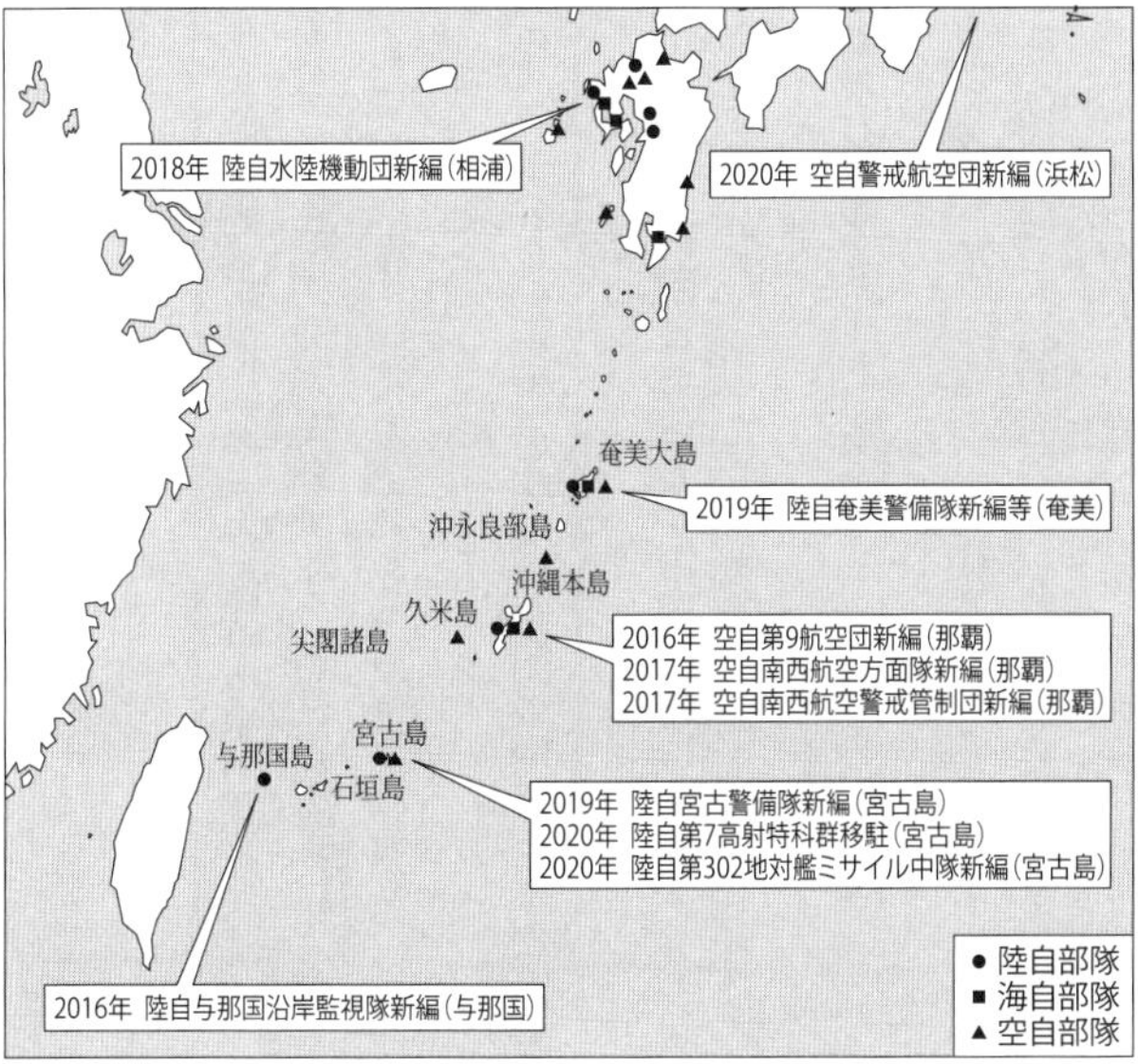

出典：「令和２年版 防衛白書」

これらが尖閣諸島を狙う中国への備えだ。

尖閣諸島を含む南西諸島は、南北の距離が一二〇〇キロと本州に匹敵する長さである。

中国は、二〇一二年に日本が尖閣諸島を国有化して以降、この地域で攻勢を強め、周辺海域への侵入を常態化させてきた。このため日本としても、沖縄本島にしかなかった駐屯地を、島嶼部防衛のため各島に増設する必要性に迫られたのである。

これらが自助の動きであるとすれば、安倍政権以降、中国や北朝鮮をにらみ、アメリカなどから共助や公助を得るための制度設計、法整備も進んだ。

◆安倍政権下で進んだ安全保障政策の動き
・二〇一三年 国家安全保障会議設置法成立、国家安全保障戦略策定。
・二〇一四年 防衛装備移転三原則閣議決定、集団的自衛権行使容認閣議決定、サイバーセキュリティ基本法成立。
・二〇一五年 新宇宙基本計画閣議決定、平和安全法制成立、防衛装備庁発足。

その都度、国会は紛糾し、市民団体によるデモも起きたが、安全保障という面では、サイバーや宇宙といった全領域戦をもにらんだ体制が整ったことになる。

台湾海域は大事なシーレーン

日本が南西シフトを布く理由として、二つのことが考えられる。

一つは、台湾周辺の海域が、輸入依存国である日本にとって、重要なシーレーン(海上航路帯)になっている点だ。

中国紙「人民政協網」は、「中台統一を最も見たくない国は日本」（二〇二一年四月二四日）とする記事を掲載し、「日本にとって台湾海峡はエネルギー資源安定調達の命脈」「日本が輸入するエネルギー資源の四分の三が通過する」と記述した。

石油、石炭、液化天然ガスの一〇〇％近くを輸入に依存する日本は、確かに台湾周辺の海域をシーレーンとしている。

日本に向かうタンカーのほとんどは、台湾とフィリピンの間のバシー海峡を通り、台湾の東側を北上する。

だが、西側の台湾海峡も、幅が一三〇キロメートルから一八〇キロメートル程度あって、中国と台湾の領海に接していない。このため、海峡の真ん中にはＥＥＺ（排他的経済水域）が存在し、公海と同様に、どこの国の船が航行しても自由だ。

この海域が、中国の手に落ちれば、自由な航行は妨げられ、船舶は大幅な迂回を迫られる。日中関係が緊張すれば航行の安全も保証されなくなる。

日本と敵対する勢力が支配したことがない台湾が中国の支配下になると、安全保障の面だけでなく国民生活にも支障が出るのだ。

自衛隊元統合幕僚長の河野克俊は語る。

「日本政府は、今のままの台湾がいいか、中国になるのがいいか国民に説明すべき。そうすれば、日本がなぜ台湾を守らなければならないか理解してもらえる」

南西シフトのもう一つの理由は、尖閣諸島近海や東シナ海に「第二の中東」とも言えるレベルの豊富な石油や天然ガスが埋蔵されている点だ。

中国が尖閣諸島の領有権を主張し始めたのは、一九六八年、国連のアジア極東経済委員会が、石油資源の埋蔵に言及して以降だ。

中国による東シナ海でのガス田採掘は、近年ずっと日中摩擦の火種になってきたが、ほかにも、金、銀、銅、亜鉛やレアメタルなどがマグマや地熱とともに熱水として噴出し、凝固してできた鉱床があることもわかっている。

日本としては、固有の領土である尖閣諸島を守るだけでなく、安全な航路と豊かな海底資源を守る戦いに直面しているのである。

吉田ドクトリンと安倍ドクトリン

習近平指導部は、南シナ海を含めたこれらの海域に「口を出すな」というメッセージを日本やアメリカに対して送り続けている。

中国は現実的な歴史観を持っている国だ。第二次世界大戦以降、アメリカが東アジアの安定に貢献してきたことは認めている。

しかし、経済と軍事の両面で急速な成長を遂げるにつれ、「アジアの盟主は中国」と自信を深め、今や「アメリカは引っ込んでいろ」とまで言うようになった。

毛沢東時代の一九七四年には、西沙諸島をベトナムから奪った。胡錦濤から習近平に交代した二〇一二年にはスカボロー礁の支配権をフィリピンからもぎ取った。

その後も中国は、南沙諸島に人工島を造っては軍事基地を構え、南シナ海を中国の海にしつつある。次の狙いが東シナ海を中国の海にすることなのだ。

こうした状況の中、我々日本人が改めて振り返り、考えておくべき外交基調がある。それが吉田ドクトリンと安倍ドクトリンである。

日本は、一九五一年のサンフランシスコ講和条約と日米安全保障条約締結以降、当時の総理大臣、吉田茂が打ち出した吉田ドクトリンを国家戦略としてきた。これには、「あれは対米順応政策。経済復興第一の政策で独自の戦略と呼べるものではない」と言った、後に総理に就任した中曽根康弘のように、否定的な見解もある。

しかし、日本国憲法の制限の中で安全保障の多くをアメリカに担ってもらい、日本は経済成長と経済発展を最優先課題として取り組むという、「軽武装」「経済優先」を軸とした吉田の方針は、長く日本の国是ともなってきた。

国際政治学者の加藤朗は、著書『日本の安全保障』（ちくま新書）の中で、吉田ドクトリンを、「国是としてきた」「安全保障戦略の根幹の一つでもあった」と述べたうえで、「（日本の）経済力が低下してきたために日本は軽武装・経済優先の吉田ドクトリンの国家戦略の見直しが迫られている」と記述し、喫緊の課題として、日米同盟の見直し、日中関係の再調整、日本の新たなアイデンティティーの構築を挙げている。

吉田ドクトリンは、冷戦時代のソ連の侵攻を前提に打ち出されたものだ。武力行使は個別的自衛権にとどめ、専守防衛に徹し、アメリカからの軍備増強や駐留費負担増額などの要求に対しては、一九四七年五月三日に施行された日本国憲法の第九条の存在を理由に、できるだけ値切ろうとするものであった。

しかし、この十数年の間に日本を取り巻く国際環境は大きく変わった。そうなれば、加藤が指摘するように新たな国家戦略が必要になる。

超大国だったソ連はなく、後継のロシアよりも中国の軍事的脅威が増した。北朝鮮も最高指導者が金正日から金正恩に交代し、挑発を続けるようになった。

対する日本は、二〇一〇年のＧＤＰで中国に抜かれ、世界第二位の経済大国の座を明け渡した。軍事的には北朝鮮と中国の脅威に直面している。

日本の同盟国であるアメリカは、イラクやアフガニスタンで多大の犠牲と戦費を払いながら国の安定を構築できずに終わった。テロとの戦いに敗北し、アメリカ単独では解決できないという現実を国際社会にさらけ出した。

こうした中で登場したのが、安倍ドクトリンである。

安倍ドクトリンと言えば、二〇一三年一月一八日、東南アジア歴訪中だった安倍がジャカルタで発表した対ASEAN外交を指すとする記事も散見される。

確かに、その文書にも、中国に対抗するため、日米や日本とASEAN諸国との関係強化がうたわれているが、筆者が安倍ドクトリンと位置づけるのは、二〇一三年一二月一七日、「国防の基本方針」に代わるものとして閣議決定された国家安全保障戦略である。

◆国家安全保障戦略の概要（内閣官房HPより筆者抜粋）

・国家安全保障の基本理念＝国際協調主義に基づく積極的平和主義。
・我が国がとるべき国家安全保障上の戦略的アプローチ＝実効性の高い統合的な防衛力の効率的整備、海洋監視能力の強化、サイバー攻撃への対応能力の強化。
・日米同盟の強化＝日米での抑止力や対処力の向上のほか、韓国、オーストラリア、インドなど普遍的価値や戦略的利益を共有する国々との関係強化。

前述した吉田ドクトリンとは異なり、安倍ドクトリンは、「積極的平和主義」のスローガンの下、部分的にではあるが集団的自衛権を容認し、積極的対米貢献と多国間での集団防衛体制で、中国との間で全領域戦になるかもしれない二一世紀型の戦争に備えることを明確に打ち出したものだ。

安全保障に関する国家戦略の転換は、翌二〇一四年の集団的自衛権行使閣議決定、さらには、二〇一五年の安全保障法制成立へとつながっていった。

当然、批判もある。「日本を戦争できる国にする気か？」との懸念も根強い。ただ筆者は、これでようやく台湾や尖閣諸島を防衛する素地ができたと評価している。

自衛隊には何ができるのか

筆者が国会担当キャップ（いわゆる政治部キャップ）を務めていた頃、国会では自衛隊が絡む法案になると与野党が激しく対立し、紛糾を繰り返してきた。

◆自衛隊が関係する法律

・一九九二年　ＰＫＯ法＝国連の平和維持活動に自衛隊を派遣できる法律。

・一九九九年　周辺事態法＝日本の平和及び安全に重要な影響を与える事態が生じ

た場合、本土だけでなく周辺地域でも戦闘地域以外なら自衛隊の派遣を可能にする法律。

・二〇〇一年 テロ特措法＝対テロ戦争の一環として行う攻撃・侵攻を後方支援するための法律。

・二〇〇三年 イラク特措法＝イラク戦争後のイラク国内の非戦闘地域で人道支援や安全確保支援を行うことを可能にする法律。

・二〇一五年 平和安全法制＝自衛隊法など十法案を改正して集団的自衛権の行使を可能とし、自衛隊の活動範囲を拡げる法制。

法整備以外では、第三次台湾海峡危機が起きた翌年の一九九六年、日本はアメリカとの間で「日米防衛協力のための指針」（ガイドライン）に合意している。

これは、日本の周辺地域で起きた事態に関しても日米で協力することを規定したもので、翌年の一九九七年八月、当時の官房長官、梶山静六は「台湾も周辺地域に含まれる」との公式見解を示している。

先に挙げた法律の数々やガイドラインは、いずれも日米安全保障条約の再定義、自衛隊の存在意義の確認、そして憲法解釈の拡大につながるものばかりである。

振り返れば、国会での論戦は、戦争の放棄を定めた憲法九条の存在や、一九七二年の日中共同声明で中国を唯一の合法政府と位置づけてきたことへの忖度などから、建前だけの安全保障論議や全くリアルでない対処方針が繰り返されてきた。

自衛隊の役割や活動範囲を拡げることになった周辺事態法でさえ、「周辺とはどこまでの地域を指すのか?」との問いに対して、政府は「地理的概念ではない」などとする曖昧な答弁を繰り返してきた。

考えてみれば、これまで日本は、アメリカと安全保障条約を結びながら集団防衛という体裁を整えてこなかった。

アメリカは日本を守れても日本はアメリカを守れず、二国でともに武力行使に及ぶことになったとしても、日本は個別的自衛権、アメリカは集団的自衛権と別々の法的根拠に基づいて対処しなければならない。

そうなれば、幾度となく共同軍事演習を重ねてきたにもかかわらず、合同作戦司令本部を設けることすらできないのだ。

事実、二〇一四年六月、防衛大臣だった小野寺五典は国会での答弁で、

「集団的自衛権を行使した場合でも、自衛隊はアメリカ軍の指揮下には入らない」と語っている。

もちろん、先に示した数々の法整備によって、自衛隊は、ホルムズ海峡だろうと台湾海峡だろうと出ていけるようになった。

筆者は、本書執筆にあたり自民党本部に小野寺を訪ねた。そして、かつての答弁について確認したうえで、

「台湾有事や尖閣諸島有事が生じた場合、自衛隊は何ができるのか？」

と質問を投げかけた。小野寺の答えはこうだ。

「自衛隊が活動できるケースは三つ。第一に尖閣諸島が攻撃を受けた場合。これは日本の領土が脅かされているわけですから防衛出動になります」

「第二に、台湾が攻撃を受けた場合。これも日本との最短距離が一〇八キロしかないため日本有事と認定され、自衛隊は法律に則って行動できます。アメリカ軍の後方支援も可能になります」

「そして第三に、それがさらに甚大で日本国民に影響を与えそうになった場合は、『存立危機事態』になるので、これも当然、自衛隊が対応します」

明快な答えである。ただ、防衛の専門家や自衛隊員は熟知していても、国民の認知度は高くない。ましてや二〇二〇年以降、国民の視線は新型コロナウイルスに注がれている。台湾や尖閣諸島の問題を気にする人は少数派であろう。

だとすれば、アメリカ軍の後方支援に行く航路を中国軍に塞がれたらどうするのか、自衛隊の護衛艦の目の前でアメリカの駆逐艦が攻撃を受けた場合や、中国軍側が自衛隊の艦船に撃ちかけてきた場合はどうするのかなど、「イロハ」の「イ」から改めて説明が必要になる。

躊躇なく瞬時に動けなければ、世界軍事力ランキングで常に世界第五位から第六位にランクされる日本の自衛隊は宝の持ち腐れになる。ここでも政府の説明力が問われ、事前のアメリカとの調整力も重要になるのである。

変わる専守防衛と集団的自衛権

日本は、憲法に第九条が存在するため、自衛隊の位置づけが曖昧で、「違憲だ」「矛盾がある」といった批判にさらされてきた。

第九条の第一項に「戦争の放棄」、第二項に「戦力の不保持」と「交戦権の否認」が明記されているにもかかわらず、近代兵器を備えた戦力が存在するからだ。

そこで、「自衛隊の第九条への明記を含めた憲法改正」を主張してきた安倍は、二〇一四年七月一日の閣議で、「武力行使の新三要件」を決定し、専守防衛を基本としながらも、自衛隊を活用して、主権国家としての固有の自衛権を、積極的に、しかも攻勢的に行使できるよう先鞭をつけたのである。

◆武力行使に関する新三要件
・我が国に対する武力攻撃が発生したこと、または我が国と密接な関係にある他国に対する武力攻撃が発生し、これにより我が国の存立が脅かされ、国民の生命、自由および幸福追求の権利が根底から覆される明白な危険があること。
・これを排除し、我が国の存立を全うし、国民を守るために他に適当な手段がないこと。
・必要最小限度の実力行使にとどまるべきこと。

筆者も安倍と同じ改憲論者で、護憲派の社民党党首、福島瑞穂からは、「清水さんが護憲派なら、もっと仲良くなれるのにね」と言われ続けてきた。

それでも、「日本の平和が守られてきたのは第九条が存在するおかげ」などと語る護憲論者には、

「憲法第九条があるせいで、日本の安全保障は脆弱なものになっている。第九条に固執した結果、中国に台湾や尖閣諸島を奪われてもいいのか？」

と繰り返し申し上げたいと思っている。

「戦争の放棄」「戦力の不保持」「交戦権の否認」の三つを国家に課した第九条は、国家に自衛権を認めていないのと同じである。

これでは、個々の国民には自衛権があるが、国民の集合体である国家には、三項目による縛りが利いているため、自衛権はないということになってしまう。

そもそも、平和国家路線を堅持しながら国際社会の平和と安定に積極的に寄与しようとしたり、アメリカなどとともに、「自由で開かれたインド太平洋」の実現に取り組もうとしたりすること自体、矛盾があり専守防衛の域を逸脱している。

小野寺は懸念を隠さない。

「台湾有事を想定すれば、自衛隊は近海でアメリカとの合同演習を繰り返すだけでは不十分です。実際に台湾に行き、中国軍のサイバー攻撃や上陸作戦などに備えた訓練を重ねる必要があります。現状ではそれができていない」

このように、国際環境が大きく変化する中、憲法第九条の存在が、日本の安全保障に重大な支障をきたす要因になるかもしれないのだ。

とはいえ、安倍政権時代に浮上した、憲法改正の道筋を定めた第九六条を改め、改憲へのハードルを下げてまで改正しようとするやり方はあまりに拙速だ。コロナ禍が終息し、世の中が落ち着きを取り戻してから熟議すべきである。

ただ、中国も北朝鮮も日本の憲法改正論議の行方を待ってはくれない。現行法の範囲で対処するしか手はない。そこで重要になるのが集団的自衛権の行使である。

先に述べた安倍ドクトリンは、集団的自衛権の解釈が最大の論点となった。

自衛権とは何か、第九条は集団的自衛権を容認しているのか、そして行使できる範囲はどこまでなのか、といった類である。

安倍は、慎重論や反対意見を押し切り、「安倍一強」と呼ばれた党内力学を利用して「武力行使の新三要件」を決定し、平和安全法制の成立を実現させた。

お世辞にも議論を尽くしたとは言えないが、憲法のための安全保障政策から、現実問題に即した安全保障政策に舵を切った点は評価したい。

これまで述べてきたように、中国による台湾や尖閣諸島の奪取作戦は、いきなり艦砲射撃や空爆から始まったりはしない。

サイバー戦や宇宙戦などを仕掛けたり、空母や護衛艦が出てくる前に漁船や武装した得体の知れない集団が不法上陸を試みたりするような、テロでもなければ戦争でもないグレーゾーン事態からスタートすると想定される。

そうなると、「これは危ない」と判断した時点から、自衛隊と海上保安庁との連携、そして、アメリカやオーストラリア、インドなどを含めたバイデンコンソーシアムの国々との共闘作戦という新たな形の集団防衛を迫られることになる。

通常の戦闘でも自衛隊だけで抑止することは困難だが、グレーゾーン事態から始まるとなればなおのこと、他国と協力して万全の対策を講じる必要がある。

日本の安全保障の基軸が、安倍というナショナリストでリアリストの手により現実路線に転換して以降は、憲法論議よりも、その実効性が問われているのである。

護憲派の限界

二〇一二年一二月の衆議院議員選挙で政権奪取に成功した安倍が、次々と手を打ったのが、選挙戦でキャッチフレーズとして掲げてきた「日本を、取り戻す」という政策であった。

これには、アベノミクスに象徴される経済対策や教育制度改革なども含まれるが、注目すべきは外交・安全保障である。

翌年二月、訪米し日米首脳会談に臨んだ安倍は、オバマに対し、強い日本を取り戻す決意を明確に伝えた。そして、同年九月二六日、国連総会での演説では、「積極的平和主義」に取り組む日本の姿勢を強調してみせた。それを形にしたのが、先に述べた安倍ドクトリンであり、平和安全法制の成立だったのである。

その前のめりな姿勢には、筆者もかつて、拙著『安倍政権の罠――単純化される政治とメディア』（平凡社新書）の中で懸念を示したが、平和安全法制の中で「重要影響事態」と「存立危機事態」の概念が整備されたことは、台湾有事を想定した場合、プラスになった部分も否定できない。

「重要影響事態」の状況下では、自衛隊は戦闘地域では活動できない。しかし、「存立危機事態」となれば、日本が武力攻撃を受けた場合と同様に、集団的自衛権を根拠として対応が可能になる。

尖閣諸島が攻撃を受けた場合、日本の個別的自衛権で対応できるが、台湾が攻撃を受けた場合も、それを日本の「存立危機事態」と判断すれば、敵兵力の撃破やアメリカ軍などの支援が可能になったわけだ。

ただ、どう説明しようと国際法上は軍事行動に映る。安倍が確立した「積極的平和主義」は、憲法第九条で明記された理想を、中国の脅威という現実とどう折り合いをつけるかという課題を突きつける。その都度、護憲派が前面に出てくる。

もちろん筆者も、護憲派の集会を幾度となく取材し、改憲に反対する学者を何人も番組にお招きしてきたので、「積極的平和主義」への懸念は十分承知している。

また、自民党が、憲法第九条一項と二項を残しつつ、別に「第九条の二」を設け、「我が国の平和と独立を守り、国及び国民の安全を保つために必要な自衛の措置をとることを妨げず」と自衛権を規定し、そのための実力組織として自衛隊を保持するという条項を書き加えようとしている点に抵抗があることも理解している。

しかし、護憲派の中でも、外交・安全保障の現実には目をつぶり、頑なに第九条を守ろうとする教条主義的な護憲派の考え方は全く理解できない。

「どの国も最初から軍事力を持たなければ、軍事衝突は起こりようがない」

「こちらが軍事力を持っていなければ安全を脅かされることはない」

このような意見は、北朝鮮が核を保有し、中国の軍事力がアメリカに迫ろうとしている今、空論以外の何ものでもない。

また、国際環境の変化を直視しながら憲法の理想を守ろうとする穏健護憲派（解釈改憲派）も、集団的自衛権の行使や自衛隊の海外派兵を違憲としている点で、有事の際には限界がある。

二〇二一年四月五日、筆者は自民党外交部会の会議室で、駐日大使に相当する台北駐日経済文化代表処の代表、謝長廷の話に耳を傾けた。

「台湾と日本は自由で普遍的価値を共有した運命共同体。台湾が危うくなれば日本も危うくなります」

謝が語るように、中国と最も近い距離にある台湾は民主主義国家の砦《とりで》だ。

中国の動きを抑止できず有事に至った場合は、平和安全法制に基づき毅然と対応すると同時に、国民に国家としての覚悟、憲法との整合性を説明すべきである。

台湾と尖閣にどう対処するのか

中国はあらゆる手段を駆使して台湾を統一しようとしている。直近で言えば、台湾周辺での軍事的圧力、パイナップル禁輸に代表される経済的圧力、そしてワクチン輸入妨害などの国際的圧力がそれに当たる。次の手段が武力行使である。

蓋然性が高いシナリオとしては、アメリカに介入する暇を与えず、「短期高烈度決戦」（ショートシャープウォー）によって台湾を占領し、中国の一部であると既成事実化してしまうことだ。

かつて、アメリカが極めて短期間にイラク軍を制圧したように、そして、ロシアがあっという間にクリミアを手に入れたように、中国による台湾占領は、数日間から数週間の勝負になる可能性が高い。

たとえば、第一章で述べたように、まず、ＳＮＳを駆使して蔡英文政権を炎上させて混乱に陥れる。いわゆる全領域戦、グレーゾーン事態の始まりである。

ここで蔡政権が、「中国が台湾の世論を操作している」などと非難すれば、それを利用して、「蔡英文が台湾の人民を危険に晒している」と国際社会に訴え、鎮圧に乗り出す口実を作る。

そして、台湾国内の統一派組織に働きかけ、国内で武装蜂起を起こさせる。これなら台湾の中の問題であり、アメリカ軍も自衛隊も手が出せない。

同時に、アメリカ軍や日本政府にサイバー攻撃や電磁パルス攻撃を仕掛け、軍事機器やウェブサイトを一時的に機能不全にしたり、台湾北部にある金山原発など三か所の原子力発電所を停電させたりして不安に陥れる。

さらに、台湾海峡にある島嶼、金門、馬祖、澎湖諸島を、軍事演習を装い占拠して海軍の拠点とし、楽山にあるレーダー基地を工作員に破壊させ、台湾軍やアメリカ軍の「目」を奪う。あるいは、台湾海域に機雷を敷設し、アメリカ軍などを寄せつけないようにしたり、飛行場や通信基地を破壊し、台湾空軍機を飛び立てなくなるようにしたりして制空権を手に入れようとするのではないだろうか。

最終的には、台湾東岸、もしくは西岸から強襲揚陸艦や水陸両用強襲艇、あるいは落下傘部隊を使って上陸作戦に及び、台湾の一部を占領してしまうだろう。

こうした台湾有事が起きた場合、アメリカとは日米安保条約を結び、国内的には平和安全法制を成立させた日本はどう対処すべきなのだろうか。

二〇二一年四月一六日、日米首脳会談で、バイデンと菅が台湾海峡の「平和と安定の重要性」に言及した共同声明を発表したことは先に触れた。

しかし、菅は、共同声明発表から四日後の四月二〇日、訪米の国会報告で、

「共同声明は、軍事的関与などを予断するものでは全くない」

と説明した。

この発言は、台湾有事が生じても自衛隊が関与するとは限らないというものだ。確かに、台湾との間に安全保障に関する同盟関係もなければ正式な国交もない日本が、有事とはいえ自衛隊を関わらせる理由はない。ここに難しさがある。

実際のところ、台湾や尖閣諸島をめぐっては、陸上自衛隊とアメリカ第三海兵師団、海上自衛隊とアメリカ第七艦隊との間で訓練を繰り返し、有事の際は共同で即応できる態勢を取っている。

有事となれば、アメリカは、横田、座間、横須賀、それに沖縄といった在日米軍基地や施設の使用を求めてくる。そして基地の防護、最前線への物資運搬、医療支援、場合によっては、基地から最前線までのアメリカ軍の艦船の護衛など、自衛隊が戦闘に巻き込まれ

かねない役務も要求してくるであろう。

そうした場合、日本の領海や領空の範囲で支援をするのか、台湾海域まで出ていきアメリカ軍を助けるのか、日本政府の判断が試されることになる。

アメリカは当然、柔軟で包括的な支援を望むはずだ。平和安全法制がある今、それは可能だが、その際、対応が後手に回る政治家が総理だった場合、瞬時に「存立危機事態」か否かを判断できるかどうか甚だ疑問である。

では、日本固有の領土、沖縄県の尖閣諸島問題はどうだろうか。

中国は、尖閣諸島を、漁業権や天然資源といった海洋権益を拡大させる目的だけでなく、地政学的に見て東シナ海における重要な戦略拠点と位置づけている。

その島々を獲りに来るのは、海軍ではなく漁船団だ。武装しているため、海上保安庁だけで対処できず自衛隊も出動するが、海上警備や治安回復に取り組む自衛隊が武器を使用できるのは正当防衛などにとどまる。平和安全法制はあっても領域警備法といった法律がないため、自衛隊でも初動は鈍いものになってしまう。

アメリカのシンクタンク、ランド研究所の上級研究員、デイビッド・シュラパクは、二〇一六年、「尖閣をめぐる戦いでは、日本は五日間で中国に敗北する」とのシミュレーションをまとめている。

つまり、尖閣諸島防衛にはアメリカ軍の存在が絶対条件になるということだ。

歴代の日本の総理は、アメリカ大統領と初めて会談する際、必ず、対日防衛義務を定めた日米安全保障条約第五条の有効性を確認する。それは、簡単に言えば、「尖閣が獲られそうになったら助けてね」と念押ししているのである。

アメリカと中国のはざまで

二〇二一年七月五日、副総理兼財務大臣を務めていた麻生太郎が、ある会合で、中国が台湾に侵攻した場合、「存立危機事態」になり得るとして、「日米で一緒に台湾を守らなければならない」と述べ、政府が慌てて火消しに走ったことがある。

相変わらず腰が据わっていないと言うほかないが、もし有事となれば、日本はアメリカと中国のはざまで、どう動くか即座に選択を迫られる。

アメリカは、バイデンが菅と共同声明の発表に臨んだ時点で、台湾海峡の平和と安全が脅かされるような事態となった場合、日本の自衛隊が何らかの貢献をしてくれるものと改めて期待したはずだ。

共同声明を世界に向けて発信し、しかも尖閣諸島の防衛に関しては頼みごとをしておきながら、日本が何もしない、あるいは期待外れの支援しかしないとなれば、日米同盟には

日本の貿易に占める割合

輸入先	中国	アメリカ	ASEAN
2018年	19.5%	19.0%	15.5%
2019年	19.1%	19.8%	15.1%
2020年	22.1%	18.4%	14.4%

輸出先	中国	アメリカ	ASEAN
2018年	21.4%	14.9%	15.2%
2019年	21.3%	15.4%	15.0%
2020年	23.9%	14.7%	15.0%

大きなひびが入る。

ただでさえ、習近平は、ここ数年、投資拡大を材料に、アメリカとやや温度差があるイギリスやフランスの切り崩しを続けている。日本が腰砕けになれば、バイデンコンソーシアムは崩壊してしまう。それは民主主義国家の敗北を意味する。

このような理由から、日本としては、中立という選択肢は選べない。

中国が尖閣諸島を獲りに来た場合はもとより、台湾に侵攻し、台湾支援に向かったアメリカと中国が戦火を交えるような状況に至った場合、戦後の防衛を委ねてきた同盟国、アメリカとともに戦う姿勢を見せるしかないのだ。

しかしながら、右の表を見ていただきたい。ＪＥＴＲＯ（日本貿易振興機構）の発表によれば、日本の貿易に占める割合は中国が最も高くなっている。

日本がその中国と戦うとなれば、中国に深く根を張っている日本の製造業のサプライチェーンは断絶され、農水産物をはじめとする食糧の輸入もストップすることになる。

それだけでなく、中国が海上封鎖に及べば、半導体の生産地、台湾から部材を輸入しパソコンや自動車を製造することが困難になるほか、中東方面から来るタンカーは迂回を迫られ、場合によっては攻撃を受けるかもしれない。これに日本は耐えられるのかというのが最大の問題である。

次に示す調査結果は、筆者が東京・有楽町で聞いたものである。

◆世界で最も脅威に感じる国はどこですか？（二〇二一年七月、対象五〇人）
・中国二四人、北朝鮮一二人、ロシア・アメリカ各五人、韓国・インド各二人

サンプル数は少ないが、中国を脅威と感じている人が圧倒的に多い。

脅威を現実のものにしないためには、アメリカをはじめとする民主主義国家が連携を強化し、習近平指導部に野望を実行に移させないようにするしかない。

その間に、日本は、侵略とまでは言えない不法侵入に備え、自衛隊に新たな権限を与える領域警備法を成立させたり、アメリカや台湾、インドやオーストラリアとの共同演習を、あえて中国に「見える化」したりして、つけ入る隙を与えないようにすることが肝要である。

【本音のコラム⑥】スーパーを見れば世界が見える

旅行であれ出張であれ、海外に出ると早い段階で現地のスーパーや百貨店に行くようにしている。そうすると、その国の生活ぶりや国際社会の中で置かれた状況がよくわかるからだ。

本編で、二〇二一年の春から夏にかけて台湾産パイナップルが日本のスーパーに並んだ話をしたが、これは中国の台湾いじめによるもの。

そして、韓国にアメリカ製のＴＨＡＡＤミサイルが配備された年、ソウルのロッテ百貨店に掲げられている巨大な看板が、中国語の「欢迎」から日本語の「歓迎」に変わったのも、ミサイル配備に反発した中国が韓国への団体旅行を禁止し、ロッテ百貨店としては日本人観光客に期待せざるをえなくなった結果である。

テレビの情報ワイド番組に、東京・練馬区のスーパー「アキダイ」の秋葉弘道社長が頻繁に登場するのは、彼が出演を断らないことに加え、仕入れや売れ行きを通じて、米中貿易戦争やＴＰＰの影響をつぶさに把握しているからだ。スーパーや百貨店から世界が見える……。これは国内外共通なのだ。

おわりに

最新鋭ステルス戦闘機「殲20」が編隊飛行を行い、中国共産党創立一〇〇周年の式典を盛り上げる中、演説に及んだ習近平は、

「台湾独立のいかなるたくらみも断固粉砕しなくてはいけない」

「中華民族の偉大な復興の実現は不可逆的な歴史的プロセスに入った」

と述べて、建国一〇〇周年となる二〇四九年に向けて「強国」を実現する方針を重ねて強調した。本編でも触れたが、二〇二一年七月一日のことだ。


この「強国」宣言は、その四年前の党大会で高らかに宣言したものだが、筆者は、中国が二〇二七年に中国軍建軍一〇〇周年を迎える前後から二〇三五年あたりまでが台湾有事の最も起きやすい年代になると予想する。

習近平は長期政権が安定期に入る。三隻目の空母が運用されるようになる。この間に中国は、世界一の経済大国になり、インド太平洋地域でアメリカをしのぐ軍事力を持つに至

図　東アジアの軍事バランス

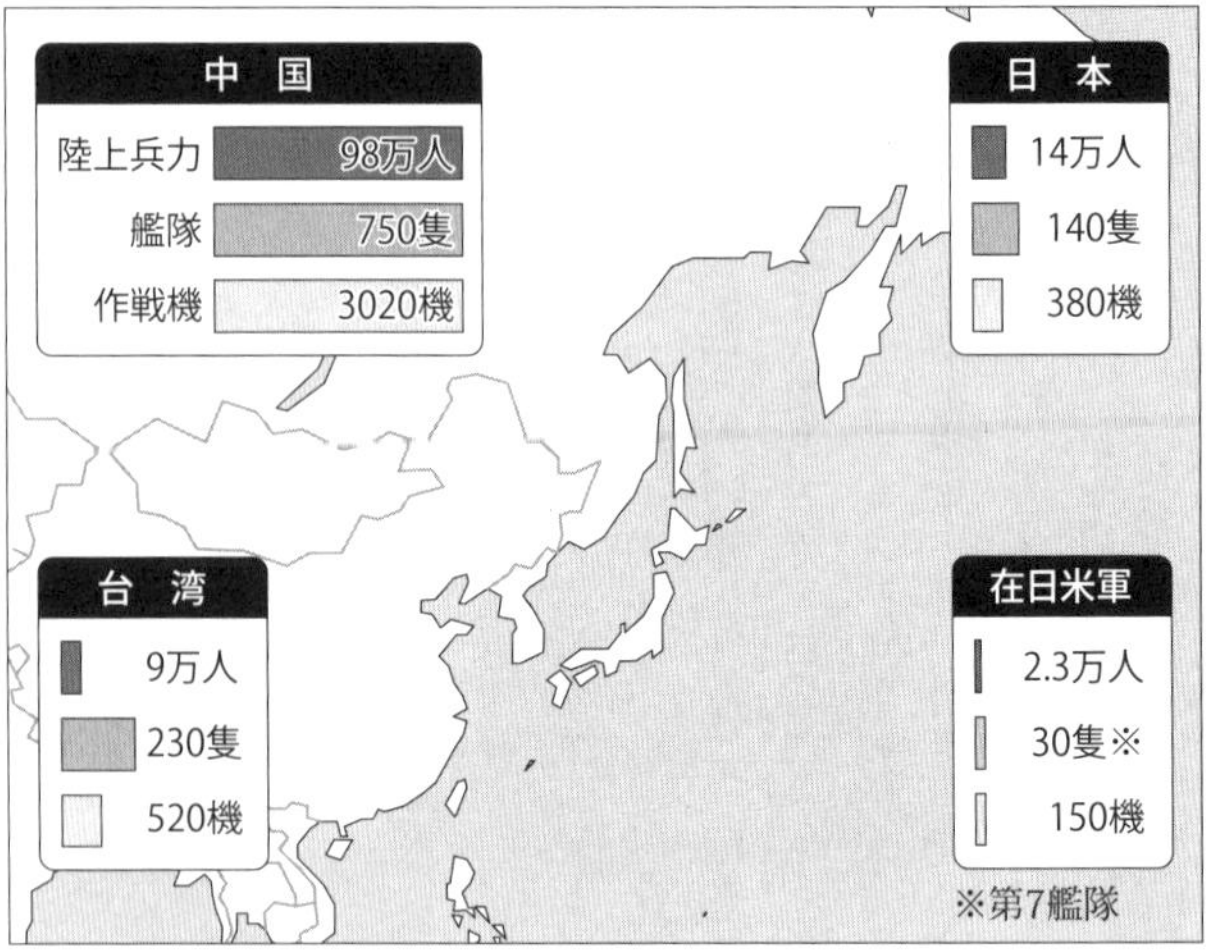

出典：「令和２年版 防衛白書」

るようになるからだ。

他方、日本は総理が何人も交代しているだろうが、良くも悪くも「安倍一強」のような宰相は出ないだろう。アメリカや台湾もトップが代わり、もしかしたら中国とロシアだけが強いリーダーのままかもしれないという点が懸念材料だ。

改めて、「令和2年版 防衛白書」から引用した上の図（兵力図）を見ながら整理しておこう。

○習近平は台湾統一を最大目標に、経済や外交面で圧力をかけ続ける。最終的には武力行使も辞さない構え。

○台湾が独立の動きを見せる可能性は低いが、蔡英文は中国の脅しには屈しない。
○中国の武力行使は金門など島嶼の占拠やグレーゾーン事態で始まる可能性が高い。
○アメリカは台湾支援に向かうと見られるが、アメリカだけでは勝てず、日本の対応が鍵になる。
○中国は尖閣諸島も狙っているので、日本は有事への備えと法整備が急務。

前頁の図を見ると、インド太平洋地域での中国軍の強さが際立っている。

筆者は、沖縄のアメリカ軍基地の辺野古移設には反対の立場だが、日本全体で見れば、これ以上、アメリカ軍を減らすと危ないと感じざるをえない。沖縄だけに負担を押しつけない策を、自分のこととして国民全員が考える時期に来ていることがわかるはずだ。

日本の防衛費の伸びに関しても、「学校の耐震化や冷暖房を完備する費用に回せないのか」とか「介護や医療にかかる予算を増額したほうがいい」と思いがちだが、こうして比較してみると、ただ反対だけでは意味がないことがご理解いただけるだろう。

このあたりを押さえながら、日本、アメリカ、中国、台湾を主人公に国際社会の動きを見れば、対岸の火事に思えるようなニュースも身近に感じられるようになると思うし、ビジネスにも役立つのではないかと考えている。

最後に、取材に協力していただいた皆さま、本書執筆の機会をいただいた平凡社新書の金澤智之編集長に心から感謝を申し上げ、結びとしたい。

清水克彦

参考文献（新聞・Webに関しては本文中に明記）

グレアム・アリソン『米中戦争前夜』ダイヤモンド社、二〇一七
伊藤信悟「中国の経済大国化と中台関係の行方」独立行政法人経済産業研究所、二〇一一
遠藤誉『米中貿易戦争の裏側――東アジアの地殻変動を読み解く』毎日新聞出版、二〇一九
小原凡司、桒原響子『AFTER SHARP POWER――米中新冷戦の幕開け』東洋経済新報社、二〇一九
加藤朗『日本の安全保障』ちくま新書、二〇一七
ヘンリー・A・キッシンジャー『キッシンジャー回顧録 中国（上・下）』岩波書店、二〇一二
喬良、王湘穂『超限戦――21世紀の「新しい戦争」』角川新書、二〇二〇
小泉悠「ウクライナ危機にみるロシアの介入戦略」（日本国際問題研究所「国際問題」No.658）二〇一七
駒見一善「蔡英文政権における中台関係の緊張とジレンマ」「立命館国際地域研究」第49号、二〇一九
近藤大介『習近平と米中衝突』NHK出版新書、二〇一八
蔡英文『蔡英文――新時代の台湾へ』白水社、二〇一六
田代正廣『台湾が独立する日』彩図社、二〇一九
張瀞文『蔡英文の台湾』毎日新聞出版、二〇一六
中林美恵子『沈みゆくアメリカ覇権』小学館新書、二〇二〇
野口悠紀雄『中国が世界を攪乱する――AI・コロナ・デジタル人民元』東洋経済新報社、二〇二〇

橋爪大三郎『中国VSアメリカ』河出新書、二〇二〇
林望『習近平の中国』岩波新書、二〇一七
宮本雄二『習近平の中国』新潮新書、二〇一五
ロバート・ゲーツ『イラク・アフガン戦争の真実』朝日新聞出版、二〇一五
渡部悦和、尾上定正、小野田治、矢野一樹『台湾有事と日本の安全保障』ワニブックスＰＬＵＳ新書、二〇二〇

White Warships and Little Blue Men : The Looming "Short, Sharp War" in the East China Sea over the Senkakus,*Project 2049 Institute*, 2018
China's Military Strategy, *The State Council Information Office of the People's Republic of China*, 2015
China's National Defense in the New Era, *The State Council Information Office ofthe People's Republic of China*, 2019
ANNUAL REPORT TO CONGRESS: Military and Security Developments Involving the People's Republic of China, 2020
Can America Successfully Repel a Chinese Invasion of Taiwan? *THE NATIONAL INTEREST*, 2021
Toshi Yoshihara, DRAGON AGAINST THE SUN: Chinese Views of Japanese Seapower, *CSBA*, 2020

【著者】
清水克彦（しみず かつひこ）
政治・教育ジャーナリスト、大妻女子大学非常勤講師、京都大学現代政治研究会研究員。1962年愛媛県生まれ。京都大学大学院法学研究科博士後期課程単位取得満期退学。文化放送入社後、政治・外信記者を経てアメリカ留学。帰国後、ニュースキャスター、国会キャップ、報道ワイド番組チーフプロデューサーを歴任。海外取材多数。現在は、文化放送報道デスクやニュース解説を務める。著書は、『ラジオ記者、走る』（新潮新書）、『安倍政権の罠』『「政治主導」の落とし穴』（ともに平凡社新書）、『中学受験――合格するパパの技術』（朝日新書）、『子どもの才能を伸ばすママとパパの習慣』（講談社）、『すごい！家計の自衛策』（小学館）ほか多数。
公式ホームページ　http://k-shimizu.org/

平凡社新書987

台湾有事
米中衝突というリスク

発行日――2021年10月15日　初版第1刷

著者――清水克彦

発行者――下中美都

発行所――株式会社平凡社
東京都千代田区神田神保町3-29　〒101-0051
電話　東京（03）3230-6580［編集］
東京（03）3230-6573［営業］
振替　00180-0-29639

印刷・製本―図書印刷株式会社

装幀――菊地信義

ISBN978-4-582-85987-4
NDC分類番号392.224　新書判（17.2cm）　総ページ256
平凡社ホームページ　https://www.heibonsha.co.jp/

平凡社新書　好評既刊！

818 日本会議の正体　青木理
憲法改正などを掲げて運動を展開する〝草の根右派組織〟の実像を炙り出す。

822 同時通訳はやめられない　袖川裕美
第一線で活躍する同時通訳者が表には見えない日々の格闘をユーモラスに描く。

827 クー・クラックス・クラン　白人至上主義結社KKKの正体　浜本隆三
世界的に排外主義の潮流が強まるなか、KKK盛衰の背景とメカニズムを考察。

835 対米従属の謎　どうしたら自立できるか　松竹伸幸
従属の実態と原点、骨絡みになっていく経緯を繙き、自立の方向性を示唆する。

840 あきれた紳士の国イギリス　ロンドンで専業主夫をやってみた　加藤雅之
これが本当のイギリス!? 〝新米主夫〟が体験した唖然、茫然の日常。

845 中国人の本音　日本をこう見ている　工藤哲
5年にわたって北京に滞在した特派員が民衆の対日感情に肉薄したルポ。

855 ルポ 隠された中国　習近平「一強体制」の足元　金順姫
権力集中の足元で何が起きているか。朝日新聞記者が知られざる大国の姿を描く。

870 テレビに映らない北朝鮮　鴨下ひろみ
不機嫌な独裁者は何を見据えているか。長年の取材をもとに描くこの国の断層。

平凡社新書　好評既刊！

872
保守の遺言
JAP.COM衰滅の状況
西部邁
稀代の思想家が〝死者の眼に映る状況〟をつづった絶筆の書。自裁の真意とは。

880
戦場放浪記
吉岡逸夫
数多くの修羅場を潜ってきた〝放浪記者〟が見た戦争のリアル、異色の戦場論。

882
ヒトラーとUFO
謎と都市伝説の国ドイツ
篠田航一
ヒトラー生存説、ハーメルンの笛吹き男など、自己増殖する都市伝説を追跡する。

885
日航機123便墜落　最後の証言
堀越豊裕
撃墜は果たしてあったのか。日米双方への徹底取材によって、論争に終止符を打つ。

886
日本軍ゲリラ　台湾高砂義勇隊
台湾原住民の太平洋戦争
菊池一隆
日本植民地下、南洋戦場に動員された台湾原住民の、あまりに過酷な戦闘の真実。

889
象徴天皇の旅
平成に築かれた国民との絆
井上亮
天皇、皇后両陛下の旅の多くに密着してきた記者による異色の見聞記。

891
世界史のなかの文化大革命
馬場公彦
「1968革命」の震源として文革をとらえたグローバル・ヒストリー。

897
自民党という病
佐高信
平野貞夫
自民党に巣食う病とは。数々の秘史を取り上げながら、その病根にメスを入れる。